Grammatik
für den Deutschunterricht

von
Dietrich Homberger

Ernst Klett Schulbuchverlag Leipzig
Leipzig Stuttgart Düsseldorf

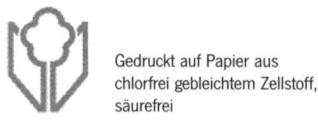
Gedruckt auf Papier aus
chlorfrei gebleichtem Zellstoff,
säurefrei

1. Auflage   1 ⁵ ⁴ ³ ² ¹ | 2005 2004 2003 2002 2001

Dieses Werk folgt der reformierten Rechtschreibung und Zeichensetzung.

Alle Drucke dieser Auflage können im Unterricht nebeneinander benutzt werden, sie
sind untereinander unverändert. Die letzte Zahl bezeichnet das Jahr dieses Druckes.

© Ernst Klett Schulbuchverlag Leipzig GmbH, Leipzig 2001
Alle Rechte vorbehalten.
Internetadresse: http://www.klett-verlag.de

Redaktion: Annika Mikesch, Waltraud Ulshöfer

Layout, Satz und Einbandgestaltung: Olaf Hein, Leipzig
Druck: Schnitzer Druck GmbH, Korb

ISBN 3-12-313951-4

INHALTSVERZEICHNIS

Vorbemerkung 5

Grundlagen der Wortlehre

1	Der Laut	7
1.1	Laut und Buchstabe	7
1.2	Vokal (Selbstlaut)	8
1.3	Konsonant (Mitlaut)	9
1.4	Diphthong (Gleitlaut)	9
1.5	Umlaut	10
1.6	Laut und Phonem	10
1.7	Laut und Silbe	11
2	Das Wort	12
2.1	Wortstamm und Endung	12
2.2	Wort und Silbe	13
2.3	Wort und Morphem	14
2.4	Wort und Bedeutung	17
2.5	Wortfeld	20
2.6	Wortfamilie	20
2.7	Lehnwort und Fremdwort	21
3	Die Wortarten	22
3.1	Verb (Zeitwort/Tätigkeitswort)	23
3.2	Nomen (Substantiv/Hauptwort)	41
3.3	Artikel (Geschlechtswort)	48
3.4	Adjektiv (Eigenschaftswort)	50
3.5	Pronomen (Fürwort)	59
3.6	Numerale (Zahlwort)	74
3.7	Adverb (Umstandswort)	77
3.8	Konjunktion (Bindewort)	83
3.9	Präposition (Verhältniswort)	89
3.10	Interjektion (Empfindungswort)	94
4	Die Wortbildung	96
4.1	Wortzusammensetzung	96
4.2	Präfix und Suffix (Vorsilbe und Endung)	98
4.3	Ableitung	100
4.4	Verbzusatz	102
4.5	Wortartenwechsel	104

Grundlagen der Satzlehre

5	Die Satzglieder	106
5.1	Satzgliedprobe	107
5.2	Subjekt (Satzgegenstand)	108
5.3	Prädikat (Satzaussage)	110
5.4	Objekt (Satzergänzung)	115
5.5	Adverbial (Umstandsbestimmung)	118
5.6	Attribut (Satzgliedteil)	121
6	Die Satzarten	125
6.1	Satzellipse und einfacher Satz	126
6.2	Aussagesatz	128
6.3	Fragesatz	130
6.4	Aufforderungssatz	132
6.5	Erweiterter Satz: Ergänzung und Angabe	134
7	Der komplexe Satz	137
7.1	Hauptsatz und Nebensatz	137
7.2	Eingeleiteter und uneingeleiteter Nebensatz	141
7.3	Konjunktionalsatz	143
7.4	Relativsatz	146
7.5	Gliedsatz und Attributsatz	150
7.6	Subjektsatz und Objektsatz	154
7.7	Adverbialsatz	156

Register

Wort- und Sachverweise	162
Zweifelsfälle	168
Übersichten und Zusammenfassungen	168

Vorbemerkung

Wozu man die „Grammatik für den Deutschunterricht" gebrauchen kann

Die „Grammatik für den Deutschunterricht" hilft Schülern und Schülerinnen und jedem, der Information sucht, sein grammatisches Basiswissen aufzufrischen, Gelerntes zu wiederholen, seine Kenntnisse zu vertiefen und sie in ihren systematischen Zusammenhang zu stellen.

Das gegliederte Inhaltsverzeichnis und ein ausführliches Stichwortregister ermöglichen es, einzelne grammatische Sachverhalte schnell und gezielt nachzuschlagen. Die „Grammatik für den Deutschunterricht" eignet sich sowohl für die Arbeit in Lerngruppen in der Schule als auch für das individuelle Lernen und Üben einzelner Schülerinnen und Schüler. Außerdem bietet sie jedem, der eine Frage zur deutschen Grammatik hat, die Möglichkeit, sich über das gängige grammatische Regelwissen zu informieren.

Welche Vorteile die „Grammatik für den Deutschunterricht" bietet

Die „Grammatik für den Deutschunterricht" ist in einer einfachen und verständlichen Sprache abgefasst. Grammatische Grundbegriffe werden deutsch erklärt; im Übrigen werden die gebräuchlichen lateinischen Bezeichnungen benutzt.
Und das hat seine Vorteile:
- Die einheitlichen grammatischen Bezeichnungen lassen sich mit jedem Sprachbuch verbinden.
- Sie erleichtern zudem den Zugang zum Fremdsprachenunterricht.
- Da die Darstellung und Erklärung der grammatischen Erscheinungen in einer einfachen, schülergemäßen Sprache erfolgt, kann schon zu Beginn der Sekundarstufe mit dieser Grammatik gearbeitet werden.
- Die Beispiele zur Erläuterung des Regelwissens sind der Umgangssprache entnommen, wie sie in möglichen Redesituationen anzutreffen ist; daher sind sie leicht zu verstehen und auf andere Situationen übertragbar.
- Wichtige Regeln der Zeichensetzung sind an ihrem systematischen Ort eingearbeitet.

Wie die „Grammatik für den Deutschunterricht" aufgebaut ist

Die „Grammatik für den Deutschunterricht" stellt das grammatische Regelwissen im systematischen Zusammenhang dar. In sieben Kapiteln werden die Grundlagen der Wortlehre (Laut, Wort, Wortarten, Wortbildung) und die Grundlagen der Satzlehre (Satzglieder, Satzarten, der komplexe Satz) abgehandelt.

Nach der Darstellung der jeweiligen grammatischen Erscheinung, ihrer Funktion und Wirkung beim Gebrauch der Sprache folgen einfache Beispiele und Erläuterungen. Im weiteren Verlauf wird die grammatische Erscheinung untergliedert und in ihren besonderen Ausformungen vorgestellt. Tabellen, Skizzen, Querverweise* und das ausführliche Stichwortregister am Ende erleichtern das Lernen und sorgen für Übersicht.

Dietrich Homberger

* Verwiesen wird mit ⇨ entweder auf Kapitel (1.1; 1.2; 1.3 usw.), sofern es sich um größere Zusammenhänge handelt, oder auf die Randnummern (1–340).

f. (= folgende) bedeutet „und eine Nummer weiter", ff. bedeutet „und mehrere Nummern weiter".

GRUNDLAGEN DER WORTLEHRE

1 Der Laut

1.1 Laut und Buchstabe

1

> Laute sind Einheiten der gesprochenen Sprache. Wenn jemand ein Wort oder einen Satz ausspricht, hört man eine Lautkette. Gesprochene Laute werden in einer besonderen Lautschrift verschriftlicht. Die Lautschrift versucht das abzubilden, was man hört.
> Die Lautschrift wird in eckige Klammern gesetzt.

Beispiel für die Lautschrift: der E-Laut

[e] = geschlossenes *e*	geben [ˈgeːbn]
[ɛ] = offenes *e*	blättrig [ˈblɛtriç]
[ə] = Murmellaut *e*	Bäume [ˈbɔimə]

2

Laute sind durch unterschiedliche Merkmale gekennzeichnet:

Klangfarbe Jeder Laut hat unterschiedliche physikalische Eigenschaften; [m] hat andere Eigenschaften als [n], [e] andere als [ɛ] usw. Die Klangfarbe bewirkt insbesondere, dass wir den einen Laut von einem anderen unterscheiden können.

Länge Laute sind durch Länge oder Kürze gekennzeichnet:
Sitz [sits] – kurzes *i* [i]; schlucken [ˈʃlukn] – kurzes *u* [u]
sieht [siːt] – langes *i* [iː]; schlugen [ˈʃluːgn] – langes *u* [uː]

Stärke Laute können stärker oder weniger stark betont sein:
ratsam – das [aː] in *rat* wird stärker betont als das [aː] in *sam*.
Wichtig wird diese Unterscheidung bei zusammengesetzten Verben:
einen Brief gut schreiben (Betonung auf „schreiben")
einen Geldbetrag gutschreiben (Betonung auf „gut")

Tonhöhe Zahlreiche Laute können verschieden schwer oder leicht gesprochen werden. Die Tonhöhe verändert sich besonders dann, wenn man aufgeregt ist:
Das ist ja die Höhe! – große Tonhöhe bei [ø]
Wir messen die Höhe der Latte. – normale Tonhöhe bei [ø]

3

> Buchstaben sind Einheiten der geschriebenen Sprache. Die Buchstaben, die in einer Sprache benutzt werden, sind im Alphabet zusammengefasst. Mit Buchstaben gibt man sprachliche Laute wieder.

Das Alphabet   A B C D E F G H I J K L M N O P Q R S T U V W X Y Z
im Deutschen   a b c d e f g h i j k l m n o p q r s t u v w x y z
                      Ä Ö Ü ä ö ü (ae oe ue) ß

4

Meistens wird ein Laut mit einem Buchstaben wiedergegeben:

Hase ['haːzə]; Hose ['hoːzə]; Rose ['roːzə]; Ross [rɔs]

<u>Ein</u> Laut kann durch mehrere Buchstaben wiedergegeben werden (z. B. *ee, ch, sch*):

Kaffee ['kafeː]; Kuchen ['kuːxən]; Schule ['ʃuːlə]; Vieh [fiː]

Mehrere Laute werden durch <u>einen</u> Buchstaben wiedergegeben:

Hexe ['hɛksə]; Zeit [tsait]

<u>Ein</u> Laut (eine Lautfolge) kann durch unterschiedliche Buchstaben wiedergegeben werden:

[ks] in: Hexe, Klecks, Keks, Ochse

<u>Unterschiedliche</u> Laute können durch einen Buchstaben oder eine Buchstabenfolge wiedergegeben werden:

Bach [bax]; Stich [ʃtiç]

1.2 Vokal (Selbstlaut)

5

> Vokale sind stimmhafte Sprachlaute, bei denen der Luftstrom ungehindert entweichen kann. Die hörbaren Unterschiede der Vokale werden im Wesentlichen bestimmt durch die Zungenlage (hoch – flach), die Zungenwölbung (vorn – hinten) und die Lippenstellung (gerundet – ungerundet).

Die Vokale:	A E I O U	Helle Vokale:	e, i
	a e i o u	Dunkle Vokale:	a, o, u

6

Vokale können lang oder kurz gesprochen werden; das sieht man der Schreibung oft nicht an:

Rat [raːt]; hat [hat]; Laken ['laːkən]; lachen ['laxən]

Vokale tragen den Stärkeakzent:

> In Kaffee ['kafeː] ist der erste Vokal betont, in Café [ka'feː] der zweite.

1.3 Konsonant (Mitlaut)

> Konsonanten sind stimmhafte oder stimmlose Sprachlaute, bei deren Bildung der Luftstrom teilweise behindert oder gänzlich unterbrochen wird; daher heißen sie auch Geräuschlaute. Die hörbaren Unterschiede der Konsonanten werden im Wesentlichen bestimmt durch den Ort im Mundraum, an dem die Behinderung des Luftstroms erfolgt (z. B. Lippen-, Zahn-, Gaumenlaute), und durch die Art dieser Behinderung (z. B. Verschluss-, Reibe-, Nasallaute).

7

Die Konsonanten: Alle Buchstaben des Alphabets mit Ausnahme der Vokale (⇨ 1.2) und Diphthonge (⇨ 1.4)

Konsonanten werden am Wortende oft anders geschrieben als gesprochen; die Schreibung lässt sich meist durch Verlängerung des Wortes ermitteln:

8

> Kind [kint] – Kinder ['kindər]   Rad [raːt] – Räder ['rɛːdər]
>
> Rat [raːt] – raten ['raːtən]

1.4 Diphthong (Gleitlaut)

> Diphthonge bestehen aus zwei Vokalen, die beim Sprechen gleitend ineinander übergehen. Daher werden die Diphthonge zu den langen Vokalen gezählt.

9

Die Schriftzeichen für die Diphthonge: Au, Äu, Eu, Ei, Ai
au, äu, eu, ei, ai

eu und *äu* sind Diphthonge, die denselben Laut [oi] wiedergeben; die Schreibung kann oft von der Grundform abgeleitet werden:

10

> Häute ['hoitə] – Haut
>
> säubern ['zoibərn] – sauber

11 *ei* und *ai* sind ebenfalls Diphthonge, die denselben Laut [ai] wiedergeben; die Schreibung *ai* kann nicht abgeleitet werden und kommt nur selten vor:

Hai, Hain, Main, Brotlaib, Fischlaich, Taifun

1.5 Umlaut

12

> Einige Vokale haben einen Umlaut gebildet; der Umlaut wird durch eine teilweise Anhebung der Zunge zum Gaumen hin erreicht.

Die Umlaute: Ä Ö Ü ä ö ü (andere Schreibweise: ae, oe, ue)

13 Betrachtet man

Kraft	–	kräftig
Hof	–	höflich
Fuchs	–	Füchsin
Haus	–	häuslich

so wird deutlich, dass der Umlaut durch ein nachfolgendes - i - bewirkt worden ist. Heute zeigt der Umlaut häufig den Plural an:

Haus – Häuser, Kalb – Kälber, Hof – Höfe, Busch – Büsche

oder die Steigerungsform:

groß – größer, alt – älter, kalt – kälter, klug – klüger

oder die Verkleinerungsform:

Brot – Brötchen, Rad – Rädchen, Kugel – Kügelchen

1.6 Laut und Phonem

14

> Phoneme sind die kleinsten bedeutungsunterscheidenden Lauteinheiten der Sprache. Man ermittelt Phoneme, indem man Wortpaare sucht, die unterschiedliche Bedeutungen haben und sich nur in genau einer Stelle unterscheiden. Diese bedeutungsunterscheidenden Stellen in den Paaren sind Phoneme. Man notiert sie zwischen Schrägstrichen.

Ermittlung von Phonemen durch die Bildung von Wortpaaren (Minimalpaaren):

leben – laben, Haus – Maus, Bann – Bahn

/eː/   /aː/   /h/   /m/   /a/   /aː/

15

Phoneme sind nur gedankliche (abstrakte) Größen, Laute werden tatsächlich ge-sprochen und hören sich von Sprecher zu Sprecher immer ein wenig verschieden an. So umfasst z. B. das Phonem /l/ alle gesprochenen Varianten (Allophone) des L-Lauts. Betrachtet man im Deutschen die Wörter Liebe ['liːbə] und Laube ['laubə], so fällt uns beim L-Laut kein Unterschied auf, obwohl er in beiden Wörtern unterschiedlich gebildet wird. Da sie nicht bedeutungsunterscheidend sind, können diese beiden Lautvarianten im Deutschen kein Minimalpaar bilden, denn das helle L kommt nur vor [e] und [i] und das dunkle L nur vor [a], [o] oder [u] vor. Im Deutschen bilden beide Varianten (oder Allophone) ein Phonem und sie sind für uns gleiche gesprochene Laute. In anderen Sprachen (etwa im Russischen), in denen das helle und das dunkle L bedeutungs-unterscheidend sind, bilden sie dagegen zwei Phoneme.
Nur ein Phonem bilden auch der Ach-Laut [x] und der Ich-Laut [ç] im Deutschen. Dort, wo das Allophon [x] steht, kann nicht [ç] stehen; denn [ç] steht nur nach hellem Vokal (⇨ 5). Beide Laute bilden somit kein Minimalpaar: Licht [ç] – lacht [x].

16

Als freie (nicht bedeutungsunterscheidende) Varianten des Phonems /r/ gelten die Allophone Zungen-R und Zäpfchen-R. In der gleichen Umgebung entstehen durch den Austausch der Varianten keine anderen Wörter.

1.7 Laut und Silbe

17

> Laute und Lautfolgen, die eine klangliche Einheit bilden, nennt man Silbe. Beim langsamen Sprechen ergeben sich die Silben als natürliche Untergliederungen des Redestroms.

Eine Silbe	Brot [broːt]; Buch [buːx]
Zwei Silben	Brote ['broː-tə]; Ordner ['ort-nər]

18

Die Buchstabenverbindungen *ch, ck, sch*, die einen einzigen Laut bezeichnen, stehen nur bei einer Silbe; andere Buchstabenverbindungen wie *pf, st* (2 Laute) können auf zwei Silben verteilt sein: ⇨ 27
  Becher/Be-cher; knacken/kna-cken; wischen/wi-schen;
  Tropfen/Trop-fen, klopfen/klop-fen; Kristall/Kris-tall, rostig/ros-tig.

2 Das Wort

2.1 Wortstamm und Endung

19

Der Wortstamm ist der Teil eines Wortes, der im Wesentlichen unverändert bleibt, auch wenn man unterschiedliche Formen mit diesem Wort bildet. Manchmal ändert sich bei der Wortbildung jedoch der Stammvokal.

Der Wortstamm trägt die Bedeutung des Wortes, wie sie im Lexikon erklärt wird.

Wortstämme: -schreib-, -lauf-, -sprach-, -kind-, -weit-, -schön-

20

Bei einigen Wörtern ändert sich der betonte Vokal in einzelnen grammatischen Formen. Dennoch spricht man auch hier von <u>einem</u> Wortstamm, sofern sich die Grundbedeutung nicht ändert:

Jeweils <u>ein</u> Wortstamm, die Grundbedeutung ändert sich nicht:

    sing-, singen, (ich) sang, gesungen

    groß, größer

    Mann, Männer

Jeweils unterschiedliche Wortstämme, da sich die Grundbedeutung durch den Vokalwechsel ändert:

    Schule – Schale

    Lappen – Lippen

    lachen – lochen

21

Eine Endung wird an den Wortstamm angeschlossen. Endungen tragen grammatische Bedeutung. Man unterscheidet Flexionsendungen, die Wortformen im Satz kennzeichnen, von den Suffixen, die zur Bildung unterschiedlicher Wortarten dienen.

Endungen:

Flexionsendungen -e, -st, -t, -er, -en, -es, -s

Suffixe   -bar, -e, -en, -er, -heit, -keit, -lich, -ung

22 Flexionsendungen kennzeichnen Wortformen im Satz; sie dienen vor allem der Flexion (Beugung), der Komparation (Steigerung) und der Pluralbildung:

> (das) Haus, (des) Hauses, (die) Häuser
>
> (ich) schreibe, (du) schreibst, (wir) schreiben
>
> schnell, schneller, (am) schnellsten

Suffixe kennzeichnen Wortarten, sie dienen der Wortbildung:

> schreib-, Schreiber, Schreibung, schriftlich
>
> Kind, Kindheit, kindlich
>
> sorg-, Sorge, sorgsam, Sorgsamkeit

23 Endungen, die gleich lauten, können unterschiedliche grammatische Bedeutungen haben:

> Wir schreib-en ein-en lang-en Brief.
>
> Das Schreib-en dauert Stund-en.
>
> Sie woll-en nicht mehr schrcib cn.

24 Neben den Endungen können auch Vorsilben (Präfixe) an der Bildung der Wortformen und Wortarten beteiligt sein.

> seh-: ge-seh-en   sag-: Ent-sag-ung

Vorsilben und Endungen (Präfixe und Suffixe) haben keine eigenständige Bedeutung; sie können nicht allein in einem Satz gebraucht werden. ⇨ 4.2

2.2 Wort und Silbe

25
> Silben sind die kleinsten Sprecheinheiten eines Wortes, die sich durch Sprechpausen ermitteln lassen.
> Ein einzelner Vokal (Monophthong) kann ebenfalls als Silbe zählen.

Silbentrennung

> Haus/tür/schlüs/sel, ein/neh/men, an/nä/hern, Roh/heit,
> Se/en/plat/te, O/fen/tür, Steu/e/rung, Aa/le, Tü/cher, Ta/sche,
> schlie/ßen, Zu/cker/bä/cker, Be/las/tung, has/tig, a/ber ⇨ 17f.

26 Silben dürfen nicht mit Wortstamm und Endung verwechselt werden. Silben ergeben sich beim langsamen Sprechen durch Sprechpausen; Wortstamm und Endung haben eine lexikalische oder grammatische Bedeutung.

Wortstamm und Endung:

Haus/Häus<u>er</u>:

lexikalische Bedeutung des Wortstamms = *Wohnstätte;*

grammatische Bedeutung der Endung *-er* (+ Umlaut) = Plural (Mehrzahl)

schreib-/schreib<u>st</u>:

lexikalische Bedeutung des Wortstamms = *Sprache zu Papier bringen;*

grammatische Bedeutung der Endung *-st* (Flexionsendung) = 2. Person Singular (Einzahl) in der Gegenwartsform (Indikativ Aktiv)

/Schreib<u>er</u>:

lexikalische Bedeutung des Wortstamms ist gleich geblieben (*schreib-*);

grammatische Bedeutung der Endung *-er* (Suffix) = Nominalisierung, a) Gerät zum Schreiben oder b) Bezeichnung der Person, die schreibt.

27 Zusammengesetzte Wörter und Wörter mit einer Vorsilbe werden nach ihren Sprecheinheiten, den Silben, getrennt:

Dienst/wa/gen, Be/diens/te/ter, Diens/tag

A/tem, o/der; wa/rum, da/rin, ei/nan/der.

Besondere Vorsicht ist bei Fremdwörtern geboten. Nach der neuen Rechtschreibung kann aber auch hier nach Sprachsilben getrennt werden:

entweder (alte Regelung)   In/ter/es/se; Pu/bli/kum; Ma/gnet; päd/ago/gisch

oder (neue Regelung)   In/te/res/se; Pub/li/kum; Mag/net; pä/da/go/gisch

2.3 Wort und Morphem

28

> Morpheme sind die kleinsten bedeutungtragenden Einheiten der Sprache. Das Morphem ist vom Wort und der Silbe zu unterscheiden: Während das Morphem eine inhaltlich-grammatische Einheit darstellt, ist die Silbe eine lautliche Einheit.

Morpheme: klein, fünf/zehn, heute, ge/les/en, Be/les/en/heit, Auto/s

29 Manchmal können Wort und Morphem das gleiche Aussehen haben:

Wort (Silbe)   Haus, Tür, Haus/tür, Schnee, weiß, schnee/weiß, Mann, auf, und, weil

Morphem   Haus, Tür, Haus/tür usw.

Diese Übereinstimmung muss aber nicht sein.

Wort nach Silben getrennt:	Be/las/tung, Ver/än/de/rung
Wort nach Morphemen getrennt:	Be/last/ung, Ver/änder/ung

Wort und Silbe sind Einheiten der gesprochenen oder der geschriebenen Sprache. Morpheme sind gedachte (abstrakte) Größen, die der Untersuchung unserer Sprache dienen. Ein Morphem ist vergleichbar einer Menge, die aus Null, einem oder mehreren Elementen bestehen kann.

Ein Morphem kann mehrere Elemente umfassen, die die gleiche Bedeutung haben, aber nicht an gleicher Stelle in demselben Wort vorkommen: **30**

Wort im Singular (in der Einzahl)	Wort im Plural (in der Mehrzahl)	Pluralzeichen (Plural-Morphem)
Fenster	Fenster	Ø
Frau	Frauen	en
Kind	Kinder	er
Tisch	Tische	e
Gabel	Gabeln	n
Auto	Autos	s
Tochter	Töchter	Umlaut
Mann	Männer	Umlaut + er
Ton	Töne	Umlaut + e

Das Plural-Morphem {Ø, en, er, e, n, s, U, U + er, U + e} enthält neun gleichberechtigte Varianten (Allomorphe).

Der Plural (die Mehrzahl) wird gebildet aus einem Wort im Singular und einer Pluralendung. In unseren Beispielen wird das Plural-Morphem durch neun unterschiedliche Elemente ausgedrückt. Solche Elemente, die zu einem Morphem gehören, bilden die Menge der Allomorphe dieses Morphems, das sind alle möglichen Endungen, die im Deutschen den Plural signalisieren.

Im ersten Beispiel (*Fenster*) besteht das Plural-Allomorph aus einem Null-Element (Ø); im letzten Beispiel (*Ton*) aus der Kombination von zwei Elementen (Umlaut + e).

31 Mehrere Morpheme können aber auch durch ein einziges sprachliches Element – ein Wort oder eine Silbe – dargestellt werden:

Beispiel: sprang

Verglichen mit dem Wortstamm -*spring*-, der nur die Grundbedeutung trägt, zeigt der Wechsel von -*i*- zu -*a*- das Präteritum an. Die gesamte Form *sprang* wird durch fünf Morpheme grammatisch bestimmt:

1. Das Morphem der Person: 3. Person
2. Das Morphem der Zahl: Singular (Einzahl)
3. Das Morphem der Zeitform: Präteritum (Vergangenheitsform)
4. Das Morphem der Aussageweise (Modus): Indikativ
5. Das Morphem der Handlungsform (Genus verbi): Aktiv

32 Mehrere Silben können ein Morphem darstellen; denn unabhängig von der Silbenzahl sprechen wir nur von einem Morphem, wenn es nicht weiter in bedeutungstragende Einheiten unterteilt werden kann:

Zwei Silben: heu/te, ges/tern

Ein Morphem: heute, gestern

33 **Untergruppen des Morphems**

Die Morpheme lassen sich in vier Gruppen einteilen, je nachdem

a) ob sie frei oder nur an andere Wörter gebunden vorkommen oder

b) ob sie lexikalische oder grammatische Bedeutung tragen.

	Freie Morpheme	Gebundene Morpheme
Lexikalische Bedeutung	heute, Haus, Buch, hoch, sag-, steh-	Him[beere], Sprach[buch], Richt[schnur], [ge]sund
Grammatische Bedeutung	um, in, da, er, aber, weil, der, mein	-ung, -nis, -e, -en, -er, -keit, -sam, (Umlaut)

34 **Zusammenfassung**

Im Allgemeinen spricht man von Wörtern, wenn man die kleinsten im Satz vertauschbaren und ersetzbaren Einheiten meint, die durch einen Leerraum beim Schreiben getrennt sind. Der Ausdruck *Wort* ist jedoch nicht einheitlich definiert; deshalb hat man ihn für genauere Untersuchungen der Sprache durch *Morphem* (oder andere entsprechende Fachausdrücke) ersetzt.

Wörter sind Einheiten der Sprache, deren Bedeutungen im Lexikon verzeichnet sind.

Wortstämme geben die Grundbedeutung eines Wortes an.

Endungen kennzeichnen unterschiedliche Wortarten und Wortformen eines Wortstamms mit gleicher Grundbedeutung.

Silben sind die kleinsten durch Sprechpausen abgegrenzten Einheiten, die vor allem bei der Silbentrennung mehrsilbiger Wörter beachtet werden müssen.

Morpheme sind nur gedachte (abstrakte) Größen zur Untersuchung unserer Sprache; sie bezeichnen die kleinsten bedeutungtragenden Einheiten der Sprache. Von Morphemen sprechen wir, wenn wir den umgangssprachlichen Ausdruck *Wort* vermeiden wollen. Morpheme können lexikalische oder grammatische Bedeutung haben sowie frei oder gebunden vorkommen.

Allomorphe kennzeichnen Elemente eines Morphems, die die gleiche Aufgabe in unserer Sprache erfüllen; z. B. zeigen die neun Plural-Allomorphe alle die gleiche grammatische Bedeutung an: den Plural oder das Plural-Morphem.

2.4 Wort und Bedeutung

> Ein Wort ist ein sprachliches Zeichen, das aus einem bestimmten Material (Schallwellen, Tinte, Kreide usw.) besteht und das etwas bedeutet. Diese beiden Seiten des sprachlichen Zeichens nennt man seine Ausdrucks- und seine Inhaltsseite oder das Bezeichnende und das Bezeichnete.

35

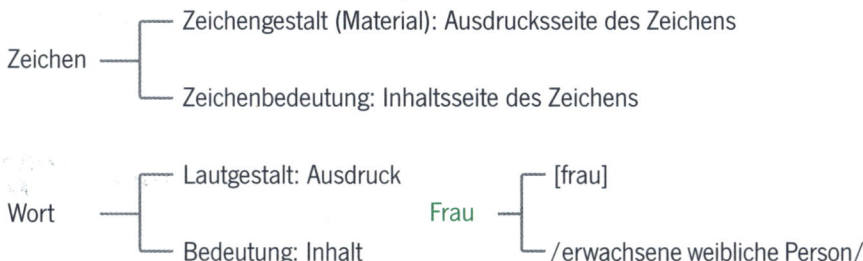

```
              ┌─ Zeichengestalt (Material): Ausdrucksseite des Zeichens
Zeichen ──────┤
              └─ Zeichenbedeutung: Inhaltsseite des Zeichens


           ┌─ Lautgestalt: Ausdruck          ┌─ [frau]
Wort ──────┤                      Frau ──────┤
           └─ Bedeutung: Inhalt              └─ /erwachsene weibliche Person/
```

Ausdrucksseite

36

Die Ausdrucksseite des Wortes ist seine materielle Beschaffenheit. Das gesprochene Wort besteht aus Schallwellen, das geschriebene aus Tinte, Kreide, Druckerschwärze usw. Das gesprochene Wort kann auf CD oder Ton-Kassette gespeichert sein.

37 **Inhaltsseite**

Die Inhaltsseite des Wortes, seine Bedeutung, kann auf zweierlei Weise verstanden werden:

– Die Bedeutung wird durch eine Definition festgelegt, z. B. bei einem Fachausdruck:

> Eine <u>Silbe</u> ist die kleinste Einheit, die sich durch Sprechpausen bei einem Wort ermitteln lässt. (Definition)

– Die Bedeutung ergibt sich durch den Gebrauch des Wortes in unserer Sprache:

> Wenn du so weitermachst, sag' ich keine <u>Silbe</u> mehr. (umgangssprachlicher Gebrauch)

38 **Homonym**

Ein Wort kann mehrere grundverschiedene Bedeutungen haben:

Bank
- Lautgestalt: [baŋk]
- Bedeutung 1: /Geldinstitut/
- Bedeutung 2: /Sitzgelegenheit/
- Bedeutung 3: (...)

Gleich lautende Wörter mit unterschiedlicher Bedeutung werden Homonyme genannt.

39 **Mehrdeutigkeit**

Ein Wort kann mehrere Bedeutungen haben, die miteinander zusammenhängen:

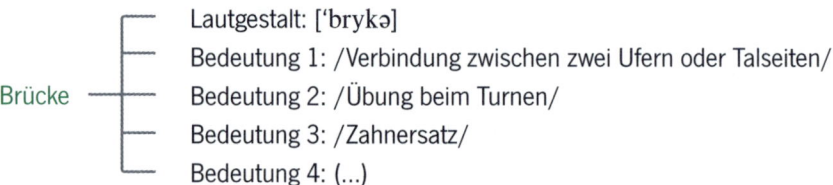

Brücke
- Lautgestalt: ['brykə]
- Bedeutung 1: /Verbindung zwischen zwei Ufern oder Talseiten/
- Bedeutung 2: /Übung beim Turnen/
- Bedeutung 3: /Zahnersatz/
- Bedeutung 4: (...)

Ein Wort, das mehrere Bedeutungen hat, die ein gemeinsames Merkmal aufweisen, heißt mehrdeutig.

Das gemeinsame Merkmal der Bedeutungen von *Brücke* ist der *überspannende Bogen*, das *Verbinden zweier Seiten*.

Synonym

40

Mehrere Wörter können eine ähnliche Bedeutung haben:

bekommen ⎤
erhalten ⎬ /etwas geht in den eigenen Besitz über/
kriegen ⎦

Unterschiedliche Wörter, welche die gleiche Bedeutung haben können, nennt man Synonyme.

Die inhaltliche Übereinstimmung von verschiedenen Wörtern (Synonymie) kann vollständig sein: weißes Pferd – Schimmel.

Die Synonymie kann nur teilweise oder auf unterschiedliche Sprachbereiche (wie Fach- oder Umgangssprache) verteilt sein:

reden – sprechen:	Ich spreche (≠rede) ein Gedicht; unterschiedlicher sprachlicher Zusammenhang
Pilze – Schwammerln:	Unterschiedliche Sprachlandschaften (Dialekt)
Geld – Piepen:	Unterschiedliche Sprachebenen (Jargon)
sterben – dahingehen:	Verhüllendes Wort (Euphemismus), privater Sprachgebrauch
Angriff – Vorwärtsverteidigung:	Verhüllendes Wort, politischer Sprachgebrauch
Zimmer – Gemach:	Altertümliche Sprechweise
zerlegen – segmentieren:	Fachsprachlicher Ausdruck (Terminus)

Metapher

41

Ein Wort kann in übertragenem Sinne gebraucht werden:

Die Sonne lacht. = Die Sonne scheint hell.

Ein Wort, das in übertragenem (bildhaftem) Sinne gebraucht wird, heißt Metapher.

Zwei Bereiche, die etwas Drittes gemeinsam haben, werden in der Metapher miteinander in Beziehung gesetzt.

Die Sonne scheint so hell, als ob jemand freundlich lachen würde.

(Bereich des Kosmos)   (Bereich des Menschen)

Die Metapher entsteht durch die Verkürzung des Vergleichs, wobei das gemeinsame Dritte (*hell, freundlich*) im Mittelpunkt steht.

2.5 Wortfeld

42

> Ein Wortfeld ist eine Menge von Wörtern oder von Wortgruppen mit ähnlicher Bedeutung. Innerhalb bestimmter Grenzen legen die Wörter ihre Bedeutung gegenseitig fest.

Wortfeld *sprachliche Kundgabe:* sprechen, reden, eine Rede/Ansprache halten, predigen, referieren, vortragen, quatschen, quasseln, labern, stottern, stammeln, lallen, ...

43 Das Wortfeld bezieht sich auf einen bestimmten Bedeutungsbereich; beim Beispiel *sprechen* auf den Bedeutungsbereich der sprachlichen Kundgabe (Rede). Die Wörter kann man nach unterschiedlichen Merkmalen abgrenzen:

Gegenstände der Rede (Ansprache, Referat, Predigt, ...)

Bewertung der Rede (gehaltvoll – normal – unangenehm, ...)

Ausführung der Rede (fließend – stockend; laut – leise, ...)

Die gegenseitigen Abgrenzungen der Bedeutungen innerhalb eines Wortfeldes kann man sich am Beispiel der Bewertungsskala von 1 (die beste Bewertung) bis 6 bzw. 4 (die schlechteste Bewertung) klarmachen.

Skala I

1	2	3	4	5	6

Skala II

1	2	3	4

Was die „3" wert ist – das heißt welche Bedeutung die Ziffer hat –, ergibt sich aus ihrer Stellung in der jeweiligen Skala; denn im Feld der Skala I liegt sie noch im positiven und im Feld der Skala II schon im negativen Bereich der Bewertung.

2.6 Wortfamilie

44

> Eine Wortfamilie ist eine Menge von Wörtern mit gleicher Grundbedeutung. Wörter einer Wortfamilie lassen sich auf den gleichen Wortstamm zurückführen.

Wortfamilie: fahren, fahrig, fahrlässig, Fahrt, Fahrer, Fährte, Vorfahren, Nachfahren, befahren, wegfahren, Fähre, gefährlich, Gefährte, Fuhre, Fuhrmann, führen, Führer, Führung, ...

Oft ist es nicht einfach, die Zugehörigkeit zu einer Wortfamilie zu erkennen, da sich **45**
im Laufe der Geschichte die Aussprache der Wörter und/oder ihre Verwendung stark
verändert haben können.

So gehören zur Wortfamilie des Wortstamms *zieh-* unter anderem folgende Wörter:

ziehen: Zaum, Zeug, Zeuge, Zögling, Zucht, zucken, Zug, Zügel, Herzog, ...

Nähere Auskunft kann ein Wörterbuch zur Etymologie (Herkunft) der Wörter geben.

2.7 Lehnwort und Fremdwort

> Lehnwörter sind Wörter, die in früheren Zeiten aus anderen Sprachen in die **46**
> Muttersprache übernommen wurden und sich im Laufe der Zeit in Lautung,
> Schreibweise und Wortform dem Deutschen angepasst haben.
>
> Im Gegensatz zum Fremdwort wird das Lehnwort in unserer Muttersprache
> nicht mehr als fremdartig empfunden.

Lehnwörter   Fenster, Keller, Mauer, Wein

Fremdwörter   Cyberspace, Surfen, Syntax, interpretieren

Die Abgrenzung zwischen Lehn- und Fremdwörtern ist in vielen Fällen schwierig; sie **47**
hängt auch vom Sprachgefühl des Einzelnen ab:

    Film, Kurs, Musik, Partei, Partner, Sport

Oft wird die fremdartige Schreibung der deutschen angepasst, vor allem dann, wenn
die Fremdwörter häufig im Gebrauch sind. Sie werden dann allmählich zu Lehnwörtern:

    Friseur – Frisör, Sauce – Soße, Telephon – Telefon,
    Photograph – Fotograf

Als Fremdwörter, die häufig durch eine schwierige Schreibung oder Aussprache auf-
fallen, gelten für viele Sprecher und Sprecherinnen Wörter wie:

    Interesse, Milieu, Offset, Ratio, Terminal

In Zweifelsfällen können Schreibung und Bedeutung im Rechtschreib- oder im
Fremdwörterbuch nachgeschlagen werden.

3 Die Wortarten

48

Übersicht

Traditionellerweise geht man im Deutschen von zehn Wortarten* aus; sie lassen sich unterscheiden nach den veränderlichen Wortarten, die verschiedene Formen bilden können, und den unveränderlichen Wortarten.

Die veränderlichen (flektierbaren) Wortarten:

1. das Verb (Zeitwort, Tätigkeitswort, Tunwort)

   sprechen, laufen, vorlesen, blühen, sich bemühen, glauben, sein

2. das Nomen (Substantiv, Hauptwort, Dingwort, Namenwort)

   Haus, Buch, Lauf, Gesang, Hoffnung, Einheit, Himmel

3. der Artikel (Geschlechtswort, Begleiter)

   der, des, dem; ein, eines, einem

4. das Adjektiv (Eigenschaftswort, Wiewort)

   hoch, bunt, klein, freundlich, rosa

5. das Pronomen (Fürwort, Stellvertreter)

   ich, du, sie; dieser, jener, welcher; mein, dein

6. das Numerale (Zahlwort)

   einer, zwei; das Dutzend

Die unveränderlichen (nicht flektierbaren) Wortarten, die Partikeln:

7. das Adverb (Umstandswort)

   heute, schon, dort, danach, gerne

8. die Konjunktion (Bindewort)

   und, aber, weil, denn, sowohl – als auch

9. die Präposition (Verhältniswort)

   auf, unter, neben, in, außer, dank, entlang

10. die Interjektion (Empfindungswort)

    ach, oh, huch, hops, platsch, zack

---

* Die Einteilung der Wortarten im Deutschen erfolgte in der Tradition der griechisch-lateinischen Grammatik. Diese Einteilung ist in neuerer Zeit nicht unangefochten geblieben, da sich die Einteilungskriterien als nicht einheitlich erwiesen. Problematisch erscheinen z. B. das *Numerale* als Wortart, insofern es nur inhaltlich bestimmt ist, sowie die *Interjektion*. Während die Numeralia durchweg anderen Wortarten zugeordnet werden können, rechnen einige Grammatiken die Interjektion nicht zu den Wortarten, sondern zu den Satzwörtern (⇨ 210). Hierdurch können sich Zählungen von acht oder neun Wortarten ergeben. Auch dort, wo Wortarten in besonderer Weise abgegrenzt und zusammengefasst werden, können sich Differenzen in der Anzahl und Bezeichnung der Wortarten ergeben.

3.1 Verb (Zeitwort/Tätigkeitswort)

> Mit Verben bezeichnet man Handlungen, Vorgänge oder Zustände. Verben treten in unterschiedlichen Formen auf:
>
> a) Verben sind veränderlich und bilden das (einfache) Prädikat (die Satzaussage) eines Satzes.
>
> Nora <u>spielt</u> am Computer.
>
> Die veränderlichen Formen des Verbs werden konjugiert (gebeugt).
> Die Konjugation umfasst fünf grammatische Größen: 1. Person, 2. Numerus (Zahl), 3. Tempus (Zeitform), 4. Modus (Aussageweise), 5. Genus verbi (Handlungsform: Aktiv oder Passiv).
> Die konjugierten Formen des Verbs heißen auch Flexionsformen (es sind flektierte Formen) oder Personalformen (sie tragen die Personalendung).
>
> b) Verben kommen unflektiert als Infinitiv (Grundform) oder Partizip (Mittelwort) vor. Dies sind die infiniten Verbformen. Zusammen mit einem flektierten Verb bilden die infiniten Verbformen das mehrteilige Prädikat.
>
> Nora <u>hat</u> am Computer <u>gespielt</u>.
> Nora <u>wird</u> am Computer <u>spielen</u>.

49

Prädikat ➪ 5.3

Verben

Handlungsverben	spielen, arbeiten, rennen, rufen
Vorgangsverben	wachsen, frieren
Zustandsverben	bleiben, leben, liegen

Veränderliche Formen (Flexionsformen/Personalformen/finite Formen):

(wir) spielen, (ihr) arbeitet, (sie) rannte, (ich) rief, (es) wuchs, (er) friert, (ich) bliebe, (du) lebst, (ich) läge

Unflektierte Formen (infinite Formen):

Infinitiv	spielen, arbeiten, rennen
Partizip I	spielend, arbeitend, rennend
Partizip II	gespielt, gearbeitet, gerannt

Person und Numerus (Zahl)

50

Verben können in drei Personen im Singular (in der Einzahl) und im Plural (in der Mehrzahl) gebraucht werden:

	Numerus	
Person	Singular	Plural
1. Person	ich renne	wir rennen
2. Person	du rennst	ihr rennt
3. Person	er/sie/es rennt	sie rennen

In diesem Beispiel ist *-renn-* der Wortstamm, und *-e, -st, -t, -en* sind die Flexions-endungen.

51 Finite und infinite Form des Verbs

Verben werden nach Person und Numerus konjugiert (gebeugt); sie haben eine Personalform (finite Form). Die Personalform wird sichtbar an den veränderlichen Teilen des Verbs.

ich gehe, du gehst, wir gehen, ...

Infinite Formen des Verbs sind unflektiert und haben keine Personalform:

– der Infinitiv (die Grundform, Nennform) auf *-en*:

gehen, sagen, sprechen, glauben, wissen

– das Partizip I (1. Mittelwort) auf *-end*:

gehend, sagend, sprechend, glaubend, wissend

– das Partizip II (2. Mittelwort), das unterschiedlich gebildet wird:

Einfache Verben:

unregelmäßige Verben:	*ge – en*	gehen: gegangen, sprechen: gesprochen
regelmäßige Verben:	*ge – (e)t*	fragen: gefragt, reden: geredet

⇨ 62

Verben mit Verbzusatz oder Präfix:

abtrennbare Verben:	*-ge – en*	weggehen: weggegangen, vorsprechen: vorgesprochen
	-ge – (e)t	zusagen: zugesagt, einreden: eingeredet
nicht abtrennbare Verben:	*– en*	zergehen: zergangen, versprechen: versprochen
	– (e)t	versagen: versagt, bereden: beredet

Vollverben und Hilfsverben   **52**

Vollverben können ohne Hilfsverben Prädikate (Satzaussagen) bilden:

> Vater schläft.
>
> Elke geht zur Schule.
>
> Die Eltern schenken Nora ein neues Fahrrad.

Hilfsverben sind: *haben, sein* und *werden.* Als Hilfsverben kommen sie stets mit einem

Vollverb zusammen vor:

> Vater hat geschlafen.
>
> Elke ist zur Schule gegangen.
>
> Die Eltern werden Nora ein neues Fahrrad schenken.

Mit den Hilfsverben bildet man die zusammengesetzten Zeitformen:

haben/sein: Perfekt und Plusquamperfekt ⇨ 54, 56

werden: Futur ⇨ 57

Tempus (Zeitform)

Im Deutschen gibt es sechs Tempora. Hiervon haben nur zwei – das Präsens und das

Präteritum – eigene Formen; die übrigen Tempora werden mit Hilfsverben gebildet.

(1) Das Präsens (Gegenwartsform)   **53**

Das Präsens kann Unterschiedliches bezeichnen:

– Ein Geschehen läuft gerade ab:

   Ich schreibe meinem Freund einen Brief. (Ich schreibe gerade.)

– Eine Aussage, ein Sachverhalt ist allgemein gültig, gesetzmäßig oder zeitlos gültig:

   Die Erde ist rund. Die Winkelsumme im Dreieck beträgt 180 Grad.

   Drei mal drei ergibt neun.

– Etwas geschieht immer wieder oder gewohnheitsmäßig:

   Ebbe und Flut wechseln einander ab. Morgens frühstücken wir ausgiebig. (Wir früh-

   stücken immer so.)

– Ein Geschehen wird in der Zukunft stattfinden; meist zeigen andere Wörter den

   Zeitbezug an (*gleich, morgen, demnächst, bald,* ...):

   Ich gehe gleich und streiche den Zaun zu Ende. (Ich werde ihn streichen.)

– Ein Geschehen ist bereits vergangen; das historische oder erzählende Präsens gibt

   geschichtliche Tatsachen wieder oder ein Geschehen in der Vergangenheit, das span-

   nend (vergegenwärtigend) erzählt werden soll:

   Um 1700 besiegt Prinz Eugen die Türken vor Wien. (historische Tatsache)

   Wir gingen durch den Wald. Plötzlich steht ein Wildschwein vor uns. (vergegen-

   wärtigende Erzählung von etwas Vergangenem)

54 **(2) Das Perfekt (vollendete Gegenwartsform)**

Das Perfekt wird mit einer Form von *sein* oder *haben* und dem Partizip II eines Vollverbs gebildet. (Mit *sein* werden häufig Verben der Fortbewegung verbunden.)

– Das Perfekt stellt eine Verbindung von der Vergangenheit zur Gegenwart des Sprechers her; die Folgen eines vergangenen Geschehens wirken bis in die Gegenwart hinein:

Wir sind von Mainz nach Detmold gezogen. (Jetzt wohnen wir hier.)

– In Verbindung mit dem Präsens drückt das Perfekt die Vorzeitigkeit aus:

Nachdem Jan den Brief geschrieben hat, bringt er ihn zur Post. (Das Schreiben geschieht vor dem Gang zur Post.)

– Das Perfekt kann die Vergangenheitsform (3) ersetzen. In der Umgangssprache wird häufig im Perfekt erzählt.

Erst gestern habe ich Lara in der Stadt gesehen. (Abgeschlossen: Gestern sah ich sie.)

55 **(3) Das Präteritum (Vergangenheitsform)**

– Das Präteritum verweist auf Vergangenes und bezeichnet Vorgänge, die in der Vergangenheit abgeschlossen sind. In der geschriebenen Sprache wird meist im Präteritum erzählt:

Die Farmer kamen in ein weites Land, das bis zu einer Hügelkette am Horizont reichte. Hier bauten sie ihre ersten Blockhütten und befestigten sie gegen mögliche Angreifer.

– Das Präteritum kann durch das Perfekt (2) ersetzt werden:

Als wir im Sommer am Meer waren, hat es ständig geregnet. (Statt: ..., regnete es ständig.)

56 **(4) Das Plusquamperfekt (vollendete Vergangenheitsform)**

Das Plusquamperfekt wird mit der Vergangenheitsform von *sein* oder *haben* und dem Partizip II eines Vollverbs gebildet:

– Das Plusquamperfekt stellt eine Verbindung von der Vorvergangenheit zur Vergangenheit her; es wird zum Ausdruck der Vorzeitigkeit in der Vergangenheit gebraucht:

Die Farmer hatten gerade ihre Siedlung befestigt, als sie einen feindlichen Späher ausmachten. Bevor die ersten Pfeile flogen, waren alle hinter die Palisaden gerannt.

57 **(5) Das Futur I (erste Zukunftsform)**

Das Futur I wird mit einer Form von *werden* und dem Infinitiv eines Vollverbs gebildet:

– Das Futur I wird gebraucht, um eine zukünftige Handlung oder einen zukünftigen Zustand von der Gegenwart deutlich zu unterscheiden:

Anke wird später einmal zur Realschule gehen. (Jetzt geht sie noch in die Grundschule.)

– Häufig wird mit dem Futur I auch eine Vermutung oder Erwartung geäußert.

Es wird ihr bestimmt gefallen.

(6) Das Futur II (vollendete Zukunftsform)

58

Das Futur II wird mit einer Form von *werden*, dem Partizip II eines Vollverbs und mit *haben* oder *sein* gebildet.

– Das Futur II wird gebraucht, um ein Geschehen in der Zukunft als bereits abgeschlossen zu bezeichnen; meist als Vermutung:

Max wird das schon für uns erledigt haben.

– In Verbindung mit dem Futur I (oder dem Präsens, das eine zukünftige Handlung bezeichnet) drückt das Futur II die Vorzeitigkeit zu einer Handlung oder einem Vorgang in der Zukunft aus:

Wenn du so spät zur Party kommen wirst (kommst), werden viele schon wieder gegangen sein. (Vorzeitigkeit in der Zukunft)

– Meist wird das Futur II durch das Perfekt (2) ersetzt:

Wenn du so spät zur Party kommst, sind viele bereits weggegangen.

Du wirst schon sehen, am Wochenende hat Dirk das Referat geschrieben.

(Statt: ..., am Wochenende wird Dirk das Referat geschrieben haben.)

Die sechs Tempora im Überblick

59

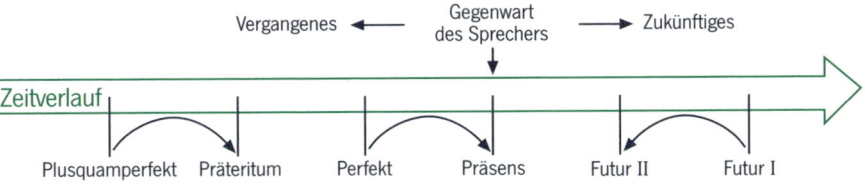

Die sechs Tempora im Indikativ Aktiv

(1) Die Tempora des Vollverbs *laufen* („sein-Perfekt")

Person	Präsens	Perfekt	Präteritum	Plusquamperfekt
ich	laufe	bin gelaufen	lief	war gelaufen
du	läufst	bist gelaufen	liefst	warst gelaufen
er/sie/es	läuft	ist gelaufen	lief	war gelaufen

Person	Präsens	Perfekt	Präteritum	Plusquamperfekt
wir	laufen	sind gelaufen	liefen	waren gelaufen
ihr	lauft	seid gelaufen	lieft	wart gelaufen
sie	laufen	sind gelaufen	liefen	waren gelaufen

Person	Futur I	Futur II
ich	werde laufen	werde gelaufen sein
du	wirst laufen	wirst gelaufen sein
er/sie/es	wird laufen	wird gelaufen sein
wir	werden laufen	werden gelaufen sein
ihr	werdet laufen	werdet gelaufen sein
sie	werden laufen	werden gelaufen sein

(2) Die Tempora des Vollverbs *sehen* („haben-Perfekt")

Person	Präsens	Perfekt	Präteritum	Plusquamperfekt
ich	sehe	habe gesehen	sah	hatte gesehen
du	siehst	hast gesehen	sahst	hattest gesehen
er/sie/es	sieht	hat gesehen	sah	hatte gesehen
wir	sehen	haben gesehen	sahen	hatten gesehen
ihr	seht	habt gesehen	saht	hattet gesehen
sie	sehen	haben gesehen	sahen	hatten gesehen

Person	Futur I	Futur II
ich	werde sehen	werde gesehen haben
du	wirst sehen	wirst gesehen haben
er/sie/es	wird sehen	wird gesehen haben
wir	werden sehen	werden gesehen haben
ihr	werdet sehen	werdet gesehen haben
sie	werden sehen	werden gesehen haben

Die drei Stammformen des Verbs

60

Bei fast allen Verben kann man drei besondere Formen unterscheiden, von denen alle Tempora abgeleitet werden. Man nennt sie Stammformen.

1. Stammform (Infinitiv)	2. Stammform (Präteritum)	3. Stammform (Partizip II)
laufen	(ich) lief	(ich bin) gelaufen
spielen	(ich) spielte	(ich habe) gespielt

Kennt man die drei Stammformen, so kann man alle sechs Tempora bilden. Die Stammformen der unregelmäßigen Verben lassen sich im Wörterbuch nachschlagen.

Starke und schwache Verben

61

Von starken Verben spricht man, wenn sich der Stammvokal bei der Bildung der drei Stammformen verändert und die dritte Stammform auf *-en* endet:

gehen   (ich) ging   (ich bin) gegangen

Von schwachen Verben spricht man, wenn sich der Stammvokal nicht ändert und die zweite und dritte Stammform mit *-t-* gebildet werden:

lachen   (ich) lachte   (ich habe) gelacht

Unregelmäßige Verben

62

Hierher gehören alle starken Verben, die Hilfs- und die Modalverben (außer *wollen*).
⇨ 52, 72

Die Stammformen einiger Verben haben sowohl Merkmale von starken als auch von schwachen Verben. Bei manchen ändert sich neben dem Stammvokal noch ein Konsonant:

bringen	–	brachte	–	gebracht
haben	–	hatte	–	gehabt
leiden	–	litt	–	gelitten
ziehen	–	zog	–	gezogen

Bei einigen Verben kommen Doppelformen vor:

senden	–	sandte	–	gesandt
		sendete	–	gesendet
wenden	–	wandte	–	gewandt
		wendete	–	gewendet

63 Modus: Aussageweise des Verbs

Im Deutschen unterscheidet man drei Modi: den Indikativ (Wirklichkeitsform), den Konjunktiv (Möglichkeitsform) und den Imperativ (Befehlsform).

Mithilfe der Modi kann man die persönliche Einstellung zu dem, was man sagen will, ausdrücken:

Vera kommt gerade. – Der Sprecher drückt aus, dass etwas wirklich geschieht oder vorhanden ist; dass es sich um eine Tatsache handelt.

Ach, käme Vera doch! – Der Sprecher kennzeichnet seine Aussage als eine Möglichkeit, als einen Wunsch.

Komm sofort nach Hause, Vera! – Der Sprecher kennzeichnet seine Aussage als Aufforderung oder Befehl.

64 Indikativ

Mit dem Indikativ bezeichnet man Vorgänge, Handlungen oder Zustände, die wirklich sind, die man für wirklich hält oder die man als ausgedacht (wirklichkeitsgetreu) erzählt. Der Indikativ ist die „Wirklichkeitsform", mit der man vor allem sachliche Aussagen machen kann.

Alle sind aufgeregt. Morgen werden wir zu unserer Reise ans Meer aufbrechen. Wir haben die Koffer schon gepackt. Auch bei schlechtem Wetter machen wir lange Wanderungen durch das Watt. Aber wir hoffen, dass die Sonne scheinen wird.

(Zu den sechs Tempora im Indikativ ➪ 59)

65 Konjunktiv

Der Konjunktiv kommt in zwei Formen vor:

– der Konjunktiv I

Bei der Bildung geht man von der ersten Stammform, vom Infinitiv aus: ➪ 51, 60

sein:	(sie) sei
werden:	(sie) werde
haben:	(sie) habe

– Der Konjunktiv II

Bei der Bildung geht man von der zweiten Stammform aus: ➪ 60

war:	(sie) wäre
wurde:	(sie) würde
hatte:	(sie) hätte

Mit dem Konjunktiv drückt der Sprecher persönliche Einstellungen aus, zum Beispiel:

– einen Wunsch: Hätte ich doch ein neues Fahrrad!

– eine Möglichkeit: Das könnte ich vielleicht zum Geburtstag geschenkt bekommen.

Konjunktiv I und II bezeichnen im Deutschen keine unterschiedlichen Tempora (Zeitformen).

Konjunktiv I   **66**

Der Konjunktiv I wird vor allem gebraucht, um die indirekte Rede und den indirekten Fragesatz (ob-Satz) zu bilden:

– Indirekte Rede:

Hanna sagte, das Wetter in Norddeutschland sei wechselhaft. Morgen werde es regnen. Sie habe es im Wetterbericht gehört.

– Indirekter Fragesatz:

Sie will wissen, ob sie das Rad mitnehmen müsse oder ob sie es bei euch unterstellen könne.

Konjunktiv II   **67**

Der Konjunktiv II wird gebraucht, um etwas Unwirkliches und nur Gedachtes darzustellen. Er heißt dann Irrealis; außerdem kommt der Konjunktiv II in ganz bestimmten Fällen der indirekten Rede vor.

– Irrealis:

Wenn ich Zeit hätte, käme ich mit euch.

Ich liefe nicht durch den Regen, wenn ich nicht dringend zur Post müsste.

Wenn doch nur schon Ferien wären!

Als Zauberer könnte ich mir jeden Wunsch erfüllen.

– Der Konjunktiv II wird als Ersatzform in der indirekten Rede genommen, wenn die Form des Konjunktiv I mit dem Indikativ übereinstimmt:

Statt: Er sagte, seine Freunde haben den Bus verpasst.

Genauer: Er sagte, seine Freunde hätten den Bus verpasst.

– Lässt sich auch der Konjunktiv II nicht vom Indikativ unterscheiden, so sollte man mit *würde* umschreiben:

Statt: Er sagte, seine Freunde laufen/liefen zu Fuß.

Genauer: Er sagte, seine Freunde würden zu Fuß laufen.

– In der Umgangssprache wird der Konjunktiv II in der indirekten Rede häufig bevorzugt: Er sagte, Jan hätte verschlafen. (Schriftsprachlich: Er sagte, Jan habe verschlafen.)

– Mit dem Konjunktiv II kann der Sprecher ausdrücken, dass er das Berichtete nicht so recht glaubt. Meist kommen eine besondere Betonung und ein entsprechender Gesichtsausdruck hinzu: Chris sagte, er <u>hätte</u> Boris nicht angetroffen. (Aber wer soll das glauben?)

68 Die Formen des Konjunktivs*

Am häufigsten werden die Verben *sein, haben, werden, können, müssen, sollen* und *wollen* im Konjunktiv gebraucht. (Zum Indikativ ⇨ 59)

Der Konjunktiv bei Hilfs- und Modalverben

Person	*sein*		*haben*	
	Konjunktiv I	Konjunktiv II	Konjunktiv I	Konjunktiv II
ich	sei	wäre	habe/hätte	hätte
du	sei(e)st	wär(e)st	habest	hättest
er/sie/es	sei	wäre	habe	hätte
wir	seien	wären	haben/hätten	hätten
ihr	seiet	wäret	habet	hättet
sie	seien	wären	haben/hätten	hätten

Person	*werden*		*können*	
	Konjunktiv I	Konjunktiv II	Konjunktiv I	Konjunktiv II
ich	werde/würde	würde	könne	könnte
du	werdest	würdest	könnest	könntest
er/sie/es	werde	würde	könne	könnte
wir	werden/würden	würden	können/könnten	könnten
ihr	werdet/würdet	würdet	könnet	könntet
sie	werden/würden	würden	können/könnten	könnten

* In den Tabellen steht die Ersatzform jeweils rechts neben dem Schrägstrich. ⇨ 67

Person	müssen		sollen	
	Konjunktiv I	Konjunktiv II	Konjunktiv I	Konjunktiv II
ich	müsse	müsste	solle	sollte/würde sollen
du	müssest	müsstest	sollest	solltest/würdest sollen
er/sie/es	müsse	müsste	solle	sollte/würde sollen
wir	müssen/müssten	müssten	sollen/würden sollen	sollten/würden sollen
ihr	müsset	müsstet	sollet	solltet/würdet sollen
sie	müssen/müssten	müssten	sollen/würden sollen	sollten/würden sollen

Person	wollen	
	Konjunktiv I	Konjunktiv II
ich	wolle	wollte/würde wollen
du	wollest	wolltest/würdest wollen
er/sie/es	wolle	wollte/würde wollen
wir	wollen/würden wollen	wollten/würden wollen
ihr	wollet	wolltet/würdet wollen
sie	wollen/würden wollen	wollten/würden wollen

Der Konjunktiv bei schwachen und starken Verben

69

Person	Schwaches Verb: *lernen*	
	Konjunktiv I	Konjunktiv II
ich	lerne/würde lernen	lernte/würde lernen
du	lernest	lerntest/würdest lernen
er/sie/es	lerne	lernte/würde lernen

Person	*Konjunktiv I*	*Konjunktiv II*
wir	lernen/würden lernen	lernten/würden lernen
ihr	lernet	lerntet/würdet lernen
sie	lernen/würden lernen	lernten/würden lernen

Starkes Verb: *gehen*

Person	Konjunktiv I	Konjunktiv II
ich	gehe/ginge	ginge
du	gehest	gingest
er/sie/es	gehe	ginge
wir	gehen/würden gehen	gingen/würden gehen
ihr	gehet	ginget
sie	gehen/würden gehen	gingen/würden gehen

70 **Die sechs Tempora im Konjunktiv Aktiv**

(Zum Indikativ ⇨ 59)

Vollverb: *sehen*

Person	Präsens (Konjunktiv I)	Perfekt (Konjunktiv I)
ich	sehe/sähe	habe/hätte gesehen
du	sehest	habest gesehen
er/sie/es	sehe	habe gesehen
wir	sehen/sähen	haben/hätten gesehen
ihr	sehet	habet gesehen
sie	sehen/sähen	haben/hätten gesehen

Person	Präteritum (Konjunktiv II)	Plusquamperfekt (Konjunktiv II)
ich	sähe	hätte gesehen
du	sähest	hättest gesehen
er/sie/es	sähe	hätte gesehen

Person	Präteritum (Konjunktiv II)	Plusquamperfekt (Konjunktiv II)
wir	sähen	hätten gesehen
ihr	sähet	hättet gesehen
sie	sähen	hätten gesehen

Person	Futur I (Konjunktiv I)	Futur II (Konjunktiv I)
ich	werde/würde sehen	werde/würde gesehen haben
du	werdest sehen	werdest gesehen haben
er/sie/es	werde sehen	werde gesehen haben
wir	werden/würden sehen	werden/würden gesehen haben
ihr	werdet/würdet sehen	werdet/würdet gesehen haben
sie	werden/würden sehen	werden/würden gesehen haben

(Die Ersatzform des Konjunktiv II steht jeweils hinter dem Schrägstrich. ⇨ 67)

Imperativ

71

Mit einem Aufforderungssatz (im Imperativ) kann man einen Wunsch, eine Aufforderung, ein Verbot, einen Befehl ausdrücken. Da man mit dem Imperativ eine andere Person direkt anspricht, kommt er in der 2. Person Singular und Plural vor:

> <u>Komm</u> doch mit! (Wunsch)
>
> <u>Lasst</u> das Fahrrad zu Hause! (Aufforderung)
>
> <u>Klettert</u> nicht bis ganz in den Baumwipfel! (Verbot)
>
> <u>Gib</u> das sofort her! (Befehl)

Befehlsformen (im Imperativ)

2. Person Singular komm, lass, klettere, gib, sieh, ...

2. Person Plural   kommt, lasst, klettert, gebt, seht, ...

Höflichkeitsformen kommen Sie, lassen Sie, geben Sie, sehen Sie, ...

– Beim Aufforderungssatz (im Imperativ) steht die Personalform des Verbs am Anfang des Satzes (in Spitzenstellung). ⇨ 281

– Neben dem Aufforderungssatz (im Imperativ) gibt es eine Reihe anderer Möglichkeiten, Aufforderungen/Befehle auszudrücken.

Beispiele für Aufforderungen/Befehle	Form	Sprechabsicht
Steh jetzt endlich auf!	Aufforderungssatz (im Imperativ)	
Du stehst jetzt auf!	Aussagesatz	Aufforderung/
Wirst du jetzt wohl aufstehen?!	Fragesatz	Befehl, dass sich
Aufgestanden!	Partizip II	jemand erheben
Aufstehen!	Infinitiv	soll
Du sollst jetzt aufstehen!	Modalverb	
Du musst jetzt aufstehen.	Modalverb	

Modalverben und modifizierende Verben

72 **Modalverben**

Mithilfe einiger Verben kann die Aussage eines Satzes verändert (modifiziert) werden. Zu diesen Verben gehören die Modalverben: *dürfen, können, sollen, mögen, müssen, wollen*. Sie treten nur mit dem Infinitiv eines Vollverbs auf.

Du <u>darfst</u> beim Gartenfest grillen.   Erlaubnis
Du <u>kannst</u> beim Gartenfest grillen.
Du <u>sollst</u> beim Gartenfest grillen.
Du <u>musst</u> beim Gartenfest grillen.   Anordnung

73 **Modifizierende Verben**

Auch folgende Verben können die Aussage verändern: *pflegen, scheinen, vermögen, haben, geben, stehen, drohen*. Sie stehen mit dem Infinitiv mit *zu*:

Bisher <u>pflegte</u> Herr Baum jedes Jahr seine Rosenhecke zu schneiden. (Gewohnheit)
Dieses Jahr <u>vermochte</u> er sie nicht zu schneiden. (Fähigkeit)
Die Arbeit <u>schien</u> ihm zu schwer geworden zu sein. (Anschein)

74 Modalverben und modifizierende Verben können auch die Rolle von Vollverben übernehmen; sie bilden dann allein das Prädikat und können durch ein Vollverb ersetzt werden:

Elke <u>kann</u> Französisch. (Elke spricht Französisch.)
Torsten <u>pflegte</u> seinen kranken Hund. (Torsten versorgte seinen kranken Hund.)

Genus verbi: Handlungsform des Verbs – Aktiv und Passiv

Aktiv

75

Im Aktiv (Tätigkeitsform) wird ein Geschehen oder eine Handlung vom Verursacher oder vom Handelnden aus dargestellt. Der oder die Handelnde wird im Nominativ (1. Fall) als Subjekt (Satzgegenstand) gekennzeichnet.

> Julia <u>fährt</u> mit ihren neuen Inline-Skates.
>
> Sie <u>hat</u> schon einige mutige Kurven <u>gewagt</u>.
>
> Ein Radfahrer <u>rast</u> an ihr vorbei.
>
> Julia <u>weicht</u> <u>aus</u> und <u>stürzt</u> in eine Hecke.

Passiv

76

Im Passiv (Leideform) wird eine Handlung vom Betroffenen aus dargestellt. Kann man den Betroffenen benennen, so bezeichnet man es als persönliches Passiv. Nur einige wenige Verben bilden das unpersönliche Passiv (z. B. *lachen*: Es wird viel gelacht.). Der Verursacher oder der Handelnde kann im persönlichen Passiv aber auch ungenannt bleiben, z. B. weil er unbekannt oder unwichtig ist oder aus bestimmten Gründen verschwiegen werden soll:

Aktiv: Zwei Freundinnen <u>halten</u> Verena auf.

Passiv: Verena <u>wird</u> <u>aufgehalten</u>.

Man unterscheidet zwei Formen des Passivs:

(1) Das Vorgangspassiv

Das Vorgangspassiv wird mit der Personalform von *werden* und dem Partizip II eines Vollverbs gebildet:

> Auf dem Schulhof <u>wurde</u> am Morgen der Schnee nicht <u>geräumt</u>.
>
> Als es zur Pause klingelt, <u>werden</u> schon die ersten Schneebälle <u>vorbereitet</u>.
>
> Stefans Brille <u>wird</u> von einem Schneeball <u>getroffen</u> und <u>beschädigt</u>.
>
> Zum Glück <u>werden</u> die Kosten (von der Versicherung) <u>erstattet</u>.

(2) Das Zustandspassiv

Das Zustandspassiv wird mit der Personalform von *sein* und dem Partizip II eines Vollverbs gebildet:

> Eine Schneeballschlacht <u>war</u> <u>geplant</u>.
>
> Die Brille <u>ist</u> <u>beschädigt</u>.

Die sechs Tempora im Passiv

(Zum Indikativ Aktiv ⇨ 59; zum Konjunktiv Aktiv ⇨ 70)

77

Vollverb *sehen*: Indikativ Passiv (Vorgangspassiv)

Person	Präsens	Perfekt
ich	werde gesehen	bin gesehen worden
du	wirst gesehen	bist gesehen worden
er/sie/es	wird gesehen	ist gesehen worden
wir	werden gesehen	sind gesehen worden
ihr	werdet gesehen	seid gesehen worden
sie	werden gesehen	sind gesehen worden

Person	Präteritum	Plusquamperfekt
ich	wurde gesehen	war gesehen worden
du	wurdest gesehen	warst gesehen worden
er/sie/es	wurde gesehen	war gesehen worden
wir	wurden gesehen	waren gesehen worden
ihr	wurdet gesehen	wart gesehen worden
sie	wurden gesehen	waren gesehen worden

Person	Futur I	Futur II
ich	werde gesehen werden	werde gesehen worden sein
du	wirst gesehen werden	wirst gesehen worden sein
er/sie/es	wird gesehen werden	wird gesehen worden sein
wir	werden gesehen werden	werden gesehen worden sein
ihr	werdet gesehen werden	werdet gesehen worden sein
sie	werden gesehen werden	werden gesehen worden sein

Vollverb *sehen*: Konjunktiv Passiv (Vorgangspassiv)

78

Person	Präsens (Konjunktiv I)	Perfekt (Konjunktiv I)
ich	werde/würde gesehen	sei gesehen worden
du	werdest gesehen	seist gesehen worden
er/sie/es	werde gesehen	sei gesehen worden
wir	werden/würden gesehen	seien gesehen worden
ihr	werdet/würdet gesehen	seiet gesehen worden
sie	werden/würden gesehen	seien gesehen worden

Person	Präteritum (Konjunktiv II)	Plusquamperfekt (Konjunktiv II)
ich	würde gesehen	wäre gesehen worden
du	würdest gesehen	wärst gesehen worden
er/sie/es	würde gesehen	wäre gesehen worden
wir	würden gesehen	wären gesehen worden
ihr	würdet gesehen	wäret gesehen worden
sie	würden gesehen	wären gesehen worden

Person	Futur I (Konjunktiv I)	Futur II (Konjunktiv I)
ich	werde/würde gesehen werden	werde/würde gesehen worden sein
du	werdest gesehen werden	werdest gesehen worden sein
er/sie/es	werde gesehen werden	werde gesehen worden sein
wir	werden/würden gesehen werden	werden/würden gesehen worden sein
ihr	werdet/würdet gesehen werden	werdet/würdet gesehen worden sein
sie	werden/würden gesehen werden	werden/würden gesehen worden sein

(Die Ersatzform des Konjunktiv II steht jeweils hinter dem Schrägstrich. ⇨ 67)

79 Bestimmung der Verbform

Wenn man eine Verbform vollständig bestimmt, müssen fünf Angaben gemacht werden, und zwar zu Person, Numerus, Tempus, Modus und Genus verbi.

	Person	Numerus	Tempus	Modus	Genus verbi
(ich) laufe	1. Person	Singular	Präsens	Indikativ	Aktiv
(er) lachte	3. Person	Singular	Präteritum	Indikativ	Aktiv
(sie) werden kommen	3. Person	Plural	Futur I	Indikativ	Aktiv
(alle) kämen	3. Person	Plural	Präteritum	Konjunktiv	Aktiv
(es) wird gefüttert	3. Person	Singular	Präsens	Indikativ	Passiv
(er) wäre angerufen worden	3. Person	Singular	Plusquamperfekt	Konjunktiv	Passiv
(ihr) werdet angekommen sein	2. Person	Plural	Futur II	Indikativ	Aktiv

80 Die formale Bestimmung des Verbs im Überblick

a) Veränderliche Formen (finite Verbformen)

Person		Man spricht über sich: ich, wir
		Man spricht zu anderen: du, ihr
		Man spricht über andere: er, sie, es; sie
Numerus	Singular (Einzahl)	1. Person: ich –
		2. Person: du –
		3. Person: er/sie/es –
	Plural (Mehrzahl)	1. Person: wir –
		2. Person: ihr –
		3. Person: sie –

Tempus: Zeitform

Präsens (Gegenwartsform)	Ich sehe es.
Perfekt (vollendete Gegenwart)	Ich habe es gesehen.
Präteritum (Vergangenheit)	Ich sah es.
Plusquamperfekt (vollendete Vergangenheit)	Ich hatte es gesehen.
Futur I (Zukunft)	Ich werde es sehen.
Futur II (vollendete Zukunft)	Ich werde es gesehen haben.

Modus: Aussageweise

Indikativ (Wirklichkeitsform)	Er kommt.
Konjunktiv (Möglichkeitsform)	Er käme, wenn er könnte.
Imperativ (Befehlsform)	Komm jetzt her!

Genus verbi: Handlungsform

Aktiv (Tatform)	Sie fährt das Auto.
Passiv (Leideform)	Sie wird im Auto gefahren.

b) Unveränderliche Formen (infinite Verbformen)

Infinitiv (Nennform, Grundform)	sehen, kommen, lachen
Partizip I (1. Mittelwort)	sehend, kommend, lachend
Partizip II (2. Mittelwort)	gesehen, gekommen, gelacht

3.2 Nomen (Substantiv/Hauptwort)

81

> Mit Nomen bezeichnet man Lebewesen – Menschen, Tiere, Pflanzen –, Gegenstände, Vorgestelltes und Gedachtes. Nomen sind dadurch gekennzeichnet, dass sie mit einem Artikel (der, die, das, ein, eine) verbunden werden können. Nomen werden dekliniert (gebeugt). Die Deklination richtet sich nach drei grammatischen Größen:
> 1. Numerus (Zahl), 2. Genus (Geschlecht), 3. Kasus (Fall).

Nomen: (die) Mutter, (der) Junge, (das) Motorrad, (der) Elefant, (die) Buche, (das) Gras, (der) Stein, (die) Hoffnung, (das) Zauberreich

82

Abstraktum und Konkretum

Die Nomen lassen sich in zwei Gruppen gliedern:

– Konkreta (Singular: das Konkretum) bezeichnen Gegenständliches:
  Kind, Haus, Bau, Wasser, Schallwellen

– Abstrakta (Singular: das Abstraktum) bezeichnen etwas Gedachtes, nicht Gegenständliches:
  Leben, Schlaf, Freude, Länge, Stunde, Hoffnung, Aberglaube

Es gibt Nomen, die als Konkreta oder als Abstrakta gebraucht werden können:
  der Grund (auf dem ich stehe) – der Grund (einer Handlung) ⇨ Homonym 38

83 Die Zweiteilung der Nomen in Konkreta und Abstrakta lässt sich weiter aufgliedern:

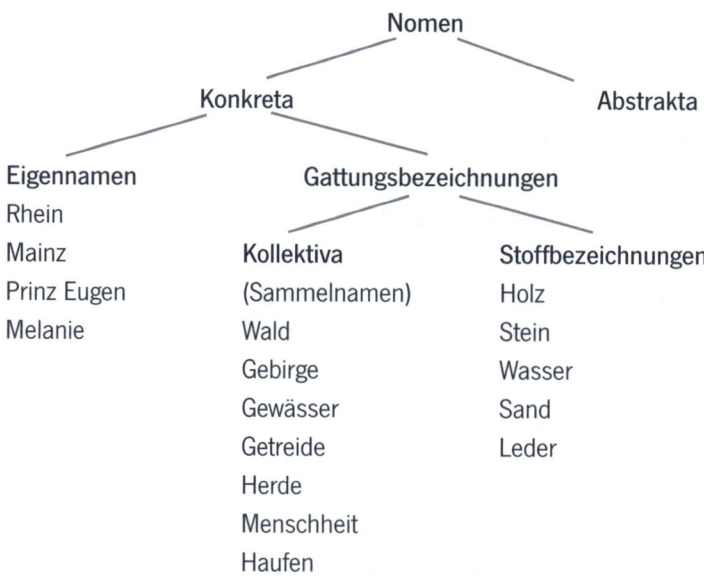

Nomen

Konkreta   Abstrakta

Eigennamen   Gattungsbezeichnungen

Rhein

Mainz   Kollektiva   Stoffbezeichnungen

Prinz Eugen   (Sammelnamen)   Holz

Melanie   Wald   Stein

                         Gebirge   Wasser

                         Gewässer   Sand

                         Getreide   Leder

                         Herde

                         Menschheit

                         Haufen

84 **Numerus (grammatische Zahl)**

Die meisten Nomen können im Singular oder im Plural stehen, je nachdem, ob man mit ihnen etwas Einzelnes bezeichnet oder etwas, das mehrmals vorhanden ist.

Singular: Ball, Blume, Korn, Gefühl, Angst

Plural: Bälle, Blumen, Körner, Gefühle, Ängste

Der Plural wird durch Anhängen einer Pluralendung (und manchmal durch zusätzlichen Umlaut) gebildet. Alle Pluralendungen (Allomorphe) zusammen bilden das Plural-Morphem. ⇨ 30

85 **Singularwörter**

Einige Nomen kommen nur im Singular vor. Sie heißen Singulariatantum (Singular: Singularetantum):

Kollektiva: Obst, Polizei, Publikum, Software

Stoffbezeichnungen: Butter, Wolle, Öl, Silber

Abstrakta: Hoffnung, Neid, Treue, Musik, das Laufen, das Grün

Pluralwörter

86

Eine Reihe von Nomen kommt in der Regel nur im Plural vor. Sie heißen Pluraliatantum
(Singular: Pluraletantum):

Auslagen, Einkünfte, Eltern, Ferien, Geschwister, Kosten, Lebensmittel, Leute, Tropen,
Trümmer, Wirren

Plural bei Fremdwörtern

87

Eine Reihe von Fremdwörtern bildet eigene Pluralformen:

der Atlas   –   die Atlanten (auch: die Atlasse)
das Album   –   die Alben
der Globus   –   die Globen (auch: die Globusse)
der Kaktus   –   die Kakteen (auch: die Kaktusse)
das Ministerium   –   die Ministerien
das Schema   –   die Schemata (auch: die Schemas)

Genus (grammatisches Geschlecht)

88

Mit dem Genus wird das grammatische Geschlecht bezeichnet. Im Deutschen unterscheiden wir drei Genera: Maskulinum, Femininum, Neutrum.

Das grammatische Geschlecht stimmt im Deutschen nur in einigen Fällen mit dem
natürlichen Geschlecht überein.

Genus und natürliches Geschlecht

– stimmen überein: der Junge, der Mann, der Hahn, die Frau, die Mutter, die Tante,
  die Henne, das Haus, das Licht
– stimmen nicht überein: das Mädchen, die Lampe, der Stern, das Männlein
– sind unklar: die Person (grammatisch ein Femininum; kann sowohl einen Mann als
  auch eine Frau bezeichnen), das Kind (grammatisch ein Neutrum; ist entweder männlich oder weiblich)

Natürliches und grammatisches Geschlecht

89

Traditionellerweise steht im Deutschen die Bezeichnung für eine ganze Gattung oder
Gruppe häufig nur im Maskulinum:

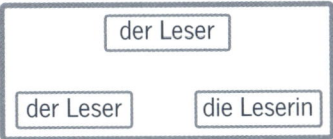
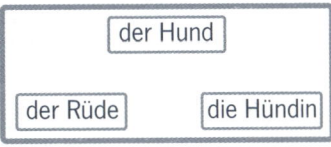

Folgende Beispiele zeigen, dass auf diese Weise Frauen im gesellschaftlichen Leben oftmals gar nicht ausdrücklich genannt werden. Sprachlich werden sie weniger beachtet: Es kamen sechstausend Besucher. (weibliche und männliche Besucher)

In der Klasse sind 28 Schüler. (Schüler und Schülerinnen)

Jeder soll seinen Mann stehen. (Jede und jeder soll ...?)

Hier bietet sich eine genauere Schreib- oder Sprechweise an:

Singular: Besucher/in, Schüler/in, Leser/in

Plural: Besucher/innen, Schüler/innen, Leser/innen

Anstelle einer Häufung von Schrägstrichen ist jedoch die Nennung beider Geschlechter vorzuziehen: Besucher und Besucherinnen, ...

Redewendungen können umschrieben werden: Frauen und Männer, alle sollen ihr Bestes geben.

90 Kongruenz (formale grammatische Übereinstimmung)

Das Genus eines Nomens bestimmt die grammatische Form eines dazugehörigen Artikels (Geschlechtswortes) und Adjektivs (Eigenschaftswortes). Diese Erscheinung heißt Kongruenz.

1. Fall, Nominativ: Ein schöner Sonntag

2. Fall, Genitiv: Eines schönen Sonntags

91 Kasus (grammatischer Fall)

Der Kasus (Plural: die Kasus) gibt an, welche grammatische Rolle ein Nomen im Satz spielt. Im Deutschen unterscheidet man vier Kasus: Nominativ (1. Fall), Genitiv (2. Fall), Dativ (3. Fall) und Akkusativ (4. Fall).

Die Kasus können durch Hilfsfragen näher bestimmt werden:

	Fragetest	Antwort	Kasus
Das Mädchen telefoniert.	Wer (oder was) telefoniert?	das Mädchen	Nominativ
Hendrik erinnert sich seines Versprechens.	Wessen erinnert sich Hendrik?	seines Versprechens	Genitiv
Hendrik schreibt dem Mädchen.	Wem schreibt er?	dem Mädchen	Dativ
Er verschickt eine Kurzmitteilung.	(Wen oder) was verschickt er?	eine Kurzmitteilung	Akkusativ

Deklination (Beugung) der Nomen

92

Die Nomen haben unterschiedliche Kasusendungen. Abhängig davon, wie die Nomen Kasusformen bilden, kann man sie in Deklinationsgruppen ordnen.

Zur Unterscheidung der Deklinationsgruppen ist in den Wörterbüchern die Form des Genitivs Singular und die Form des Nominativs Plural angegeben. Man kann die starke, die schwache und die gemischte Deklination unterscheiden. Die schwache Deklination erkennt man daran, dass ihre Formen auf -*n* enden.

(1) Starke Deklination

Maskulina und Neutra:

Genitiv Singular: -*(e)s*	des Tages	des Urteils
Nominativ Plural: -*e*, -*Ø*, -*er*, -*s*	die Tage	die Urteile

Feminina:

Genitiv Singular: -*Ø*	der Maus_	der Oma_
Nominativ Plural: -*e*, -*Ø*, -*s*	die Mäuse	die Omas

(2) Schwache Deklination

Maskulina und Feminina:

Genitiv Singular: -*(e)n*, -*Ø*	des Menschen	der Frau_
Nominativ Plural: -*(e)n*	die Menschen	die Frauen

(3) Gemischte Deklination

Maskulina und Neutra:

Genitiv Singular: -*(e)s*	des Staates	des Bettes
Nominativ Plural: -*(e)n*	die Staaten	die Betten

Insgesamt ergeben sich so zehn Untergruppen für die Deklination des Nomens im Deutschen. Dekliniert werden außer den Nomen auch der Artikel, das Adjektiv und einige Pronomen. ⇨ 98, ⇨ 107f., ⇨ 122ff.

Übersicht

Nomen Maskulinum

Numerus/Kasus	stark	schwach	gemischt
Singular			
1. Fall: Nominativ	(der) Lehrer	Mensch	Staat
2. Fall: Genitiv	(des) Lehrers	Menschen	Staates
3. Fall: Dativ	(dem) Lehrer	Menschen	Staat(e)
4. Fall: Akkusativ	(den) Lehrer	Menschen	Staat

Numerus/Kasus	stark	schwach	gemischt
Plural			
1. Fall: Nominativ	(die) Lehrer	Menschen	Staaten
2. Fall: Genitiv	(der) Lehrer	Menschen	Staaten
3. Fall: Dativ	(den) Lehrern	Menschen	Staaten
4. Fall: Akkusativ	(die) Lehrer	Menschen	Staaten

Nomen Neutrum			Nomen Femininum	
Numerus/Kasus	stark	gemischt	stark	schwach
Singular				
Nominativ	(das) Fenster	Bett	(die) Mutter	Frau
Genitiv	(des) Fensters	Bettes	(der) Mutter	Frau
Dativ	(dem) Fenster	Bett(e)	(der) Mutter	Frau
Akkusativ	(das) Fenster	Bett	(die) Mutter	Frau
Plural				
Nominativ	(die) Fenster	Betten	(die) Mütter	Frauen
Genitiv	(der) Fenster	Betten	(der) Mütter	Frauen
Dativ	(den) Fenstern	Betten	(den) Müttern	Frauen
Akkusativ	(die) Fenster	Betten	(die) Mütter	Frauen

Beim Nomen Neutrum gibt es keine schwache, beim Nomen Femininum keine gemischte Deklination.

93 **Deklination bei Titel und Namen**

Zweifelsfälle kommen vor allem im Genitiv Singular vor.

Der Name allein wird flektiert.	Meyers Rede, Elkes Abitur
Herr wird immer flektiert.	Herrn Meyers Rede, die Rede Herrn Meyers
Steht der Artikel, dann wird der Name nicht flektiert.	die Rede des Herrn Meyer
Doktor wird nicht flektiert.	Die Rede des Herrn Doktor Meyer
Als Apposition wird (*Herr* und) der Name flektiert.	Die Rede des Schulleiters, (Herrn) Doktor Meyers, war kurz.

94

Dekliniert werden Namen von Straßen, Firmen, Buchtiteln, Theaterstücken usw.:

> Wir wohnen in der Lange<u>n</u> Straße.
>
> Sie übernachteten im „Deutsche<u>n</u> Hof".
>
> (Aber: Sie übernachteten im Hotel „Deutscher Hof".)
>
> Das steht in Schillers „Räuber<u>n</u>".
>
> (Aber: Das steht in Schillers Drama „Die Räuber".)

Steht ein Artikel im Titel, so kann der Artikel bei der Deklination vor die Anführungszeichen gestellt werden:

> Wir lernen „Die Glocke" von Schiller.
>
> Wir lesen in der „Glocke" von Schiller.

95

Nomen mit Doppelformen

Manche Nomen, die mehrere Bedeutungen haben (Homonyme), unterscheiden sich durch ihr Genus und durch ihre Pluralformen.

(1) Unterschiedliches Genus

der Bulle (Tier)

die Bulle (Schriftstück)

der Chor (Menschen)

das Chor (Teil der Kirche)

die Heide (Landschaft)

der Heide (Ungläubiger)

der Mast (Schiffsteil)

die Mast (Tierfütterung)

der Weise (kluger Mensch)

die Weise (Lied)

der See (kleines Gewässer)

die See (größeres Gewässer)

(2) a) Nur eine Pluralform

der Erbe – die Erben

das Erbe*

das Tau   – die Taue

der Tau*

das Harz – die Harze

der Harz*

der Kunde – die Kunden

die Kunde*

b) Unterschiedliche Pluralformen

der Bau   – die Baue (Höhlen)

– die Bauten (Bauwerke)

der Strauß – die Sträuße (Blumen)

– die Strauße (Tiere)

die Bank   – die Bänke (zum Sitzen)

– die Banken (Geldinstitute)

das Wort   – die Wörter (Einzelwörter)

– die Worte (Rede, Äußerung)

---

* = keine Pluralformen ➩ 85

(3) Unterschiedliches Genus und unterschiedliche Pluralform

der Band	– die Bände		der Kiefer	– die Kiefer
das Band	– die Bänder		die Kiefer	– die Kiefern
	– die Bande			
der Leiter	– die Leiter		das Schild	– die Schilder
die Leiter	– die Leitern		der Schild	– die Schilde
der Tor	– die Toren		die Steuer	– die Steuern
das Tor	– die Tore		das Steuer	– die Steuer

3.3 Artikel (Geschlechtswort)

96

Der Artikel steht vor einem Nomen; er steht entweder unmittelbar vor dem Nomen oder vor einem dazwischentretenden Adjektiv (Eigenschaftswort). Der Artikel richtet sich in Genus, Numerus und Kasus nach dem Nomen, das er begleitet; der Artikel kann nicht allein stehen. Der Artikel ist Hinweis auf die Nominalisierung (Substantivierung), zum Beispiel der Verben (das Singen) oder der Adjektive (das Gute). Man unterscheidet zwei Arten des Artikels: den bestimmten Artikel und den unbestimmten Artikel.*

Der bestimmte Artikel	der, des, dem, ..., die, das, ...
Der unbestimmte Artikel	ein, eines, einem, ..., eine, eines, ...
Artikel + Nomen	der Hund, ein Hund, ein großer Hund, ein großer, gefleckter Hund

Zu *der, die, das* als Demonstrativpronomen ⇨ 133

97

Kongruenz (formale grammatische Übereinstimmung)

Der Artikel ist wie das Nomen veränderlich, er wird dekliniert und richtet sich dabei nach dem Nomen. Zwischen Artikel und Nomen besteht Kongruenz (grammatische Übereinstimmung)

im Genus:	das Haus – die Haustür	Neutrum – Femininum
im Numerus:	das Haus – die Häuser	Singular – Plural
im Kasus:	das Haus – des Hauses	Nominativ – Genitiv

---

* Der Artikel und die meisten der Numeralia werden gelegentlich zur Sammelklasse der Pronomen (im weiteren Sinne) gezählt, oder sie erhalten (in anderen Gruppierungen) andere Bezeichnungen, wie *Begleiter, Determinator, Determinativ* o. Ä.

Deklination des Artikels

98

Der bestimmte Artikel		Singular			Plural
		Maskulinum	Femininum	Neutrum	alle Genera
1. Fall: Nominativ	Wer oder was?	der	die	das	die
2. Fall: Genitiv	Wessen?	des	der	des	der
3. Fall: Dativ	Wem?	dem	der	dem	den
4. Fall: Akkusativ	Wen oder was?	den	die	das	die

Der unbestimmte Artikel		Singular			Plural
		Maskulinum	Femininum	Neutrum	alle Genera
1. Fall: Nominativ	Wer oder was?	ein	eine	ein	*
2. Fall: Genitiv	Wessen?	eines	einer	eines	
3. Fall: Dativ	Wem?	einem	einer	einem	
4. Fall: Akkusativ	Wen oder was?	einen	eine	ein	

Bestimmter und unbestimmter Artikel

99

Beim Gebrauch des bestimmten und unbestimmten Artikels sind folgende Unterschiede in der Bedeutung zu beachten:

– bestimmt/unbestimmt

> Ich lese das Gedicht gern. – Ich lese ein Gedicht gern.

– vereinzelt/verallgemeinert

> Das Gedicht spricht alle an. – Ein Gedicht spricht alle an.

– unbekannt/bekannt

> Elsa zeigt mir ein Buch. – Das Buch möchte ich auch lesen.

– gesamt/vereinzelt

> Die Schrauben fallen auf den Boden. – Eine Schraube fehlt.

---

* Für eine unbestimmte Menge steht kein Artikel, manchmal findet man eine Ersatzform:

Plural	Maskulinum + Femininum + Neutrum
Nominativ	manche, viele, einige
Genitiv	mancher, vieler, einiger
Dativ	manchen, vielen, einigen
Akkusativ	manche, viele, einige

Manchmal ist der Unterschied im Gebrauch des bestimmten oder unbestimmten Artikels nur aus dem Zusammenhang zu verstehen:

<u>Die</u> Katze ist ein Mäusefänger.

a) Diese Katze … (vereinzelt); b) Die meisten Katzen … (verallgemeinert)

100 Begleiter

Alle Wörter, die an der Stelle des Artikels stehen können und mit ihm ausgetauscht werden können, heißen Begleiter (des Nomens):

der Ball	Alle Begleiter, mit Ausnahme des	–
dieser Ball	Artikels, können auch alleine ohne	Ich möchte <u>diesen</u>.
jener Ball	Nomen im Satz stehen. Sie gelten	Es ist <u>jener</u>.
kein Ball	dann als Stellvertreter.	Wir haben <u>keinen</u>.
dein Ball	(Pronomen ⇨ 122)	Wo ist <u>deiner</u>?

3.4 Adjektiv (Eigenschaftswort)

101

Mithilfe von Adjektiven benennt man die Eigenschaft, das Verhalten, das Aussehen oder den Zustand von jemandem oder etwas; sie dienen der Charakterisierung und Bewertung.

Das Adjektiv kann als Attribut (Satzgliedteil) oder als selbstständiges Satzglied gebraucht werden. Es wird wie ein Nomen dekliniert und bildet Vergleichsstufen.

Adjektive: neu, jung, rot, salzig, klein, gut, warm

102 Das Adjektiv als Attribut

(1) Das Adjektiv steht bei einem Nomen. Es kann als Satzgliedteil nur zusammen mit dem Bezugswort umgestellt werden. Das Adjektiv richtet sich in Genus, Numerus und Kasus nach dem Nomen, vor dem es steht.

Genus	Maskulinum	Wir haben den ro<u>ten</u> Ball verloren.
	Femininum	Wir haben die rot<u>e</u> Tasche verloren.
Numerus	Singular	Der rot<u>e</u> Ball ist weg.
	Plural	Die ro<u>ten</u> Bälle sind weg.
Kasus	Nominativ	Der rot<u>e</u> Ball liegt im Hof.
	Akkusativ	Den ro<u>ten</u> Ball will keiner mehr haben.

(2) Das Adjektiv steht attributiv bei einem anderen Adjektiv oder bei einem Adverb. Es wird in dieser Stellung nicht dekliniert:

Es war ein <u>wirklich</u> schöner Ferientag.	Das Adjektiv *wirklich* steht attributiv vor dem anderen Adjektiv *schön*.
Die Klasse war <u>schrecklich</u> laut.	Das Adjektiv *schrecklich* steht attributiv vor dem Adjektiv *laut*.
Der Ball lag <u>hoch</u> oben auf dem Dach.	Das Adjektiv *hoch* steht attributiv vor dem Adverb *oben*.

Das Adjektiv als Teil des Prädikats

103

Nach Verben wie *sein, werden, bleiben, wirken, finden, (zu sein) scheinen, heißen* wird das Adjektiv prädikativ gebraucht; es bezieht sich auf das Subjekt oder das Akkusativobjekt und wird nicht flektiert. Man nennt es in dieser Stellung auch Prädikativ(um) oder Prädikatsadjektiv (in der lateinischen Grammatik auch Prädikatsnomen). ⇨ 247

Die Ferientage waren <u>schön</u>.	Das Prädikatsadjektiv *schön* bezieht sich auf das Subjekt im Nominativ (1. Fall).
Max macht sein Fahrrad <u>sauber</u>.	Das Prädikatsadjektiv *sauber* bezieht sich auf das Objekt im Akkusativ (4. Fall).

Adjektivadverb

104

Das Adjektiv kann die Stelle eines Adverbs (eines Umstandswortes) einnehmen. Es bezieht sich auf ein Verb. Man sagt, es wird adverbial oder als Adjektivadverb gebraucht.

Die Ferientage vergingen <u>schnell</u>.	Das Adjektivadverb *schnell* steht adverbial bei dem Verb *vergingen*.

Der Unterschied zwischen dem prädikativen und dem adverbialen Gebrauch des Adjektivs ist im Deutschen formal nicht sichtbar.

105 Nominalisierung des Adjektivs

Das Adjektiv kann wie ein Nomen gebraucht werden. Es wird nominalisiert (substantiviert), was durch einen Begleiter gekennzeichnet sein kann. Als Nomen wird das Adjektiv groß geschrieben.

> Das Schöne an unserem Ausflug war das Picknick. (schön)
>
> Wir hatten genug Essbares bei uns. (essbar)
>
> Du musst beim Dartwerfen ins Schwarze treffen. (schwarz)

106 Das Partizip in der Rolle des Adjektivs

Die Aufgabe des Adjektivs kann auch von Wörtern übernommen werden, die der Form nach Partizipien (Mittelwörter) sind.

Melanies Argumente sind überzeugend. Es sind überzeugende Argumente.

> *überzeugen – überzeugend*: Partizip I als Adjektiv.

Der Laden ist geschlossen. Wir stehen vor dem geschlossenen Laden.

> *schließen – geschlossen*: Partizip II als Adjektiv

107 Deklination des Adjektivs

(1) Adjektive bei Nomen ohne Artikel werden stark dekliniert; dasselbe gilt nach den endungslosen Formen *manch, viel, welch, wenig*.

Starke Deklination des Adjektivs

Genus/Kasus	Numerus	
	Singular	Plural
Maskulinum		
Nominativ	(ein) guter Saft	gute Säfte
Genitiv	(statt) guten Saftes	guter Säfte
Dativ	(aus) gutem Saft	guten Säften
Akkusativ	(für) guten Saft	gute Säfte
Femininum		
Nominativ	(keine) gute Farbe	gute Farben
Genitiv	(statt) guter Farbe	guter Farben
Dativ	(aus) guter Farbe	guten Farben
Akkusativ	(für) gute Farbe	gute Farben

	Numerus	
Genus/Kasus	*Singular*	*Plural*
Neutrum		
Nominativ	(ein) gutes Glas	gute Gläser
Genitiv	(statt) guten Glases	guter Gläser
Dativ	(aus) gutem Glas	guten Gläsern
Akkusativ	(für) gutes Glas	gute Gläser

(2) Adjektive bei Nomen mit dem bestimmten Artikel werden schwach dekliniert; das **108** gilt auch nach *dieser, jeder, derselbe, jener.*

Schwache Deklination des Adjektivs

	Numerus	
Genus/Kasus	Singular	Plural
Maskulinum		
Nominativ	(der) lustige Film	(alle) lustigen Filme
Genitiv	(des) lustigen Films	usw.
Dativ	(dem) lustigen Film	Für alle Genera die
Akkusativ	(den) lustigen Film	gleiche Endung -*en.*
Femininum		
Nominativ	(die) lustige Feier	
Genitiv	(der) lustigen Feier	
Dativ	(der) lustigen Feier	
Akkusativ	(die) lustige Feier	
Neutrum		
Nominativ	(das) lustige Rätsel	
Genitiv	(des) lustigen Rätsels	
Dativ	(dem) lustigen Rätsel	
Akkusativ	(das) lustige Rätsel	

109 (3) Adjektive nach den flektierten Formen von *ein* und *kein* werden gemischt dekliniert; ebenso nach *mein, dein, sein* usw.

Gemischte Deklination des Adjektivs

Genus/Kasus	Numerus	
	Singular	Plural
Maskulinum		
Nominativ	(kein) langer Roman	(keine) langen Romane
Genitiv	(keines) langen Romans	usw.
Dativ	(keinem) langen Roman	Für alle Genera die
Akkusativ	(keinen) langen Roman	gleiche Endung -*en*.
Femininum		
Nominativ	(keine) lange Reise	
Genitiv	(keiner) langen Reise	
Dativ	(keiner) langen Reise	
Akkusativ	(keine) lange Reise	
Neutrum		
Nominativ	(dein) langes Seil	
Genitiv	(deines) langen Seils	
Dativ	(deinem) langen Seil	
Akkusativ	(dein) langes Seil	

110 **Zum Gebrauch mehrerer Adjektive**

Werden mehrere Adjektive gleichwertig vor ein Nomen gestellt, so erhalten sie alle die gleiche Endung; dasselbe gilt auch nach *einzeln, verschieden, derartig, letztere, obrig, sonstig, ähnlich, unzählig, zahlreich, weitere* ohne Artikel.

Nach lang**er**, anstrengend**er**, ermüdend**er** Reise erreichten sie endlich ein klein**es** und gemütlich**es** Hotel.

Nach zahlreich**en** lang**en** und anstrengend**en** Reisen blieben sie dieses Jahr zu Hause. An einzeln**en** warm**en**, sonnig**en** Tagen gingen sie zum See.

Übersicht zur Deklination des Adjektivs

111

Adjektivgebrauch	Beispiel	Deklinationstyp
Adjektiv allein	mit scharfem Pfeffer, auf einsamer Fahrt, langer Rede kurzer Sinn	stark
unflektiertes Numerale oder Pronomen + Adjektiv	mit viel scharfem Pfeffer, mit manch langer Rede, sein neues Buch, für ein kleines Boot	stark
bestimmter Artikel + Adjektiv	mit dem scharfen Pfeffer, mit der langen Rede, das neue Buch, für das kleine Boot	schwach
flektiertes Numerale oder Pronomen + Adjektiv	mit vielem scharfen Pfeffer, mit seinem neuen Buch, mit mancher langen Rede, statt eines kleinen Bootes	schwach
mehrere Adjektive nebengeordnet	mit scharfem, gemahlenem Pfeffer; auf langer, einsamer Reise; auf der langen, einsamen Reise; statt langer, einsamer Reisen	gleiche Flexions- endung

Die Komparation (Steigerung) des Adjektivs

112

Die meisten Adjektive können neben der Grundstufe zwei Vergleichsstufen bilden, durch die der Grad einer Eigenschaft oder eine vergleichende Wertung ausgedrückt wird:

– Der Positiv (Grundstufe):

klein, schnell, erfolgreich, jung

– Der Komparativ (Höherstufe):

kleiner, schneller, erfolgreicher, jünger

– Der Superlativ (Höchststufe):

am kleinsten, am schnellsten, am erfolgreichsten, am jüngsten

(dekliniert: der/die/das kleinste ..., ... schnellste ..., ... erfolgreichste ..., ... jüngste ...)

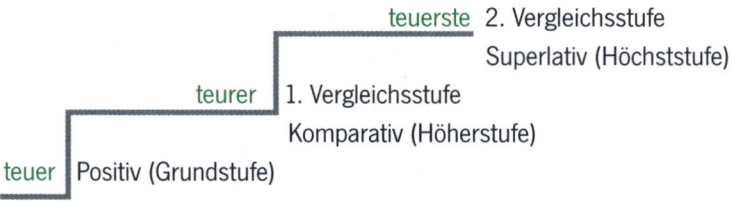

teuerste 2. Vergleichsstufe
Superlativ (Höchststufe)

teurer 1. Vergleichsstufe
Komparativ (Höherstufe)

teuer Positiv (Grundstufe)

Timo hat ein teures Fahrrad, Milena hat ein teureres Fahrrad (als Timo), Sascha hat das teuerste Fahrrad (von den dreien).

Komparations- und Deklinationsendung sind zu unterscheiden.
Dort hatten sie einen schöneren Ausblick.

schön	Adjektiv
schön-er	Komparationsendung (2. Vergleichsstufe)
schön-er-en	Deklinationsendung (⇨ 107)

113 Zu beachten ist, dass der Komparativ manchmal eine geringere Stufe bezeichnen kann als der Positiv: Ein *älterer* Herr muss kein *alter* Herr sein; eine *größere* Anschaffung ist nicht unbedingt eine *große* Anschaffung.

114 **Zum Gebrauch von *als* und *wie* im Vergleich**

Milenas Fahrrad ist teurer als Timos.	mehr als
Milenas Rad ist genauso teuer wie Kerstins.	genauso wie

115 **Elativ**

Der Superlativ kann absolut (ohne Vergleichsgröße) gebraucht werden, um einen sehr hohen Grad zu bezeichnen. Er lässt sich auch mit anderen sprachlichen Mitteln ausdrücken. Man nennt den absoluten Superlativ auch Elativ.

Sein Fahrrad ist am teuersten / unglaublich teuer / unverschämt teuer / enorm teuer.

Fehlende Komparation

116

Einige Adjektive sind aufgrund ihrer Bedeutung nicht steigerbar:

einzig, ganz, rund, mündlich, eisern, optimal, tot, abwesend, deutsch

Dies ist unser <u>einziges</u> Modell. Er erreichte die <u>höchstmögliche</u> Punktzahl.

Eine weitere Steigerung bei Adjektiven wie *einzig* oder *höchstmöglich* ist nicht korrekt.

Unregelmäßige Komparation

117

Einige Adjektive werden unregelmäßig gesteigert:

gut – besser – am besten

viel – mehr – am meisten

nah – näher – am nächsten

hoch – höher – am höchsten

Die Komparation zusammenstehender Adjektive (und Partizipien)

118

(1) Zahlreiche Adjektive können mit einem anderen Adjektiv (oder Partizip) in einer Wortgruppe zusammenstehen. Sie werden dann getrennt geschrieben oder zusammengeschrieben. Ist der erste Bestandteil ein Adjektiv, das gesteigert oder erweitert werden kann, schreibt man getrennt:

eine <u>schwer</u> verständliche Sprache / eine <u>schwerer</u> verständliche Sprache

ein <u>groß</u> gewachsener Mensch / ein <u>äußerst</u> <u>groß</u> gewachsener Mensch („groß" wird durch „äußerst" erweitert; Elativ ⇨ 115)

Aber: eine hochgestochene Rede („hoch" kann hier nicht gesteigert oder erweitert werden.)

(2) In der Regel setzt man den ersten Bestandteil in die Vergleichs- oder Steigerungsstufe, wenn beide Bestandteile eine eigene Bedeutung behalten haben:

groß gemusterter Stoff / <u>größer</u> gemusterter Stoff

gut gelaunte Freunde / <u>besser</u> gelaunte Freunde

hochfliegende Hobelspäne / <u>höher</u> fliegende Eisenspäne

(Zusammenschreibung, wenn „hoch" als Richtungsangabe gebraucht wird. Aber: Bei der Steigerungsstufe wird getrennt geschrieben.)

Wenn beide Bestandteile eine einheitliche neue Bedeutung ergeben, setzt man nur den zweiten Bestandteil in die Vergleichs- oder Steigerungsstufe:

hochfliegende Pläne / hochfliegend<u>ere</u> Pläne

der vielversprechende Filmtitel / der am vielversprechend<u>ste</u> Filmtitel

Da hier der erste Bestandteil nicht gesteigert werden kann, schreibt man in der Regel zusammen. In Zweifelsfällen ist sowohl Getrennt- als auch Zusammenschreibung möglich:

ein hochbegabter / hoch begabter Schüler

(3) Die Komparation beider Bestandteile ist in keinem Fall korrekt!
Also immer: der größtmögliche Betrag, die nächstliegende Frage, schwerer wiegende Bedenken oder schwerwiegendere Bedenken

Rektion (Festlegung des grammatischen Falls)

Eine Reihe von Adjektiven fordert einen bestimmten Kasus.

119

(1) Mit dem Dativ (3. Fall)

Die Untertanen wurden ihrem Herrn abtrünnig. (Wem wurden sie abtrünnig?)
Die Tochter sah ihrem Vater ähnlich.
Die mathematische Begabung war ihr angeboren.
Ähnlich bei: angemessen, begreiflich, behaglich, behilflich, bekannt, dienlich, eigen, erwünscht, fremd, geläufig, gewachsen (sein), gleichgültig, nahe, nützlich, recht, schuldig, treu, unähnlich, unangenehm

120

(2) Mit Präposition + Dativ oder Akkusativ (3. oder 4. Fall)

Olaf macht Marion mit seinem Freund bekannt. (Mit wem macht er sie bekannt?)
Sylvia ist mit Anja verwandt.
Der Schüler war stolz auf seine Leistung. (Auf wen oder was war er stolz?)
Ähnlich bei: arm an (3.), aufmerksam auf (4.), besorgt um (4.), bewandert in (3.), ehrgeizig nach (3.), empfindlich gegen (4.), fähig zu (3.), fertig mit (3.), frei von (3.), freundlich gegen (4.), froh über (4.)

121

(3) Mit dem Genitiv (2. Fall)

Sie war sich des Problems bewusst. (Wessen war sie sich bewusst?)
Die Mannschaft ist einer Steigerung ihrer Leistungen fähig.
Ähnlich bei: eingedenk, gewiss, kundig, mächtig, satt, schuldig, sicher, teilhaftig, unwürdig, überdrüssig, verdächtig, verlustig, voll, würdig
In den meisten Fällen wird der Genitiv durch einen Ausdruck mit Präposition + Dativ oder Akkusativ (nach dem Muster in 2) ersetzt:
Sie war sich über das Problem klar. (*über* + Akkusativ)
Die Mannschaft ist zu einer Steigerung ihrer Leistungen fähig. (*zu* + Dativ)

3.5 Pronomen (Fürwort)

Pronomen verweisen auf etwas Gemeintes oder zuvor Genanntes; sie stehen als Stellvertreter für einen nominalen Ausdruck oder als Begleiter* bei einem Nomen. Als Stellvertreter sind Pronomen nur im Zusammenhang verständlich. Als Begleiter bestimmen sie das Nomen näher.

Die meisten Pronomen können dekliniert werden und richten sich in ihrer Form nach dem Bezugswort. Nach ihrer Rolle im Satz unterscheidet man verschiedene Untergruppen.

Pronomen als Begleiter

> (Hier ist) mein Bild. Welches Bild? Dieses Bild.

Pronomen als Stellvertreter

> Es liegt dort. Dieses (da)! Welches (meinst du)? Keins von denen.

Übersicht

– Personalpronomen (persönliches Fürwort)	ich, du, er, sie, es ...
– Reflexivpronomen (rückbezügliches Fürwort)	mir, dir, sich
– Demonstrativpronomen (hinweisendes Fürwort)	der (da), dieses, diejenige, jener
– Possessivpronomen (besitzanzeigendes Fürwort)	mein, dein, ihr, unser
– Interrogativpronomen (Fragefürwort)	wer?, wem?, welche?
– Relativpronomen (bezügliches Fürwort)	der, die, das, welcher, welche
– Indefinitpronomen (unbestimmtes Fürwort)	jemand, etwas, man

Personalpronomen

Mit dem Personalpronomen kann ein Sprecher oder eine Sprecherin:

	Singular	Plural
– von sich selbst reden	ich	wir
– andere anreden	du	ihr
– über Personen oder Sachen reden	er/sie/es	sie

In der 3. Person Singular wird das Genus genauer unterschieden: Maskulinum, Femininum und Neutrum.

---

* In einigen Grammatiken werden nur die Stellvertreter als Pronomen angesehen. (Welches Buch suchst du? – Ich suche meines.) Die attributiv (adnominal) gebrauchten Begleiter werden dann zu den *Artikeln* gezählt oder erhalten in einer neuen Sammelklasse Bezeichnungen wie *Determinator*, *Determinativ*. (Ich suche mein Buch. – analog zu: Ich suche das Buch.) ⇨ 100

125 Als Höflichkeitsform benutzt man *Sie* im Singular und Plural:

Wie heißen Sie?　2. Person Singular oder Plural Höflichkeitsform

Wie heißen sie?　3. Person Plural (alle Genera) ⎫
　　　　　　　　　　　　　　　　　　　　　　⎬ neutrale Formen
Wie heißt sie?　3. Person Singular Femininum ⎭

In Briefen schreibt man die vertrauliche Anrede *du* (Singular), *ihr* (Plural) usw. klein. Die Höflichkeitsform *Sie* wird großgeschrieben.

Lieber Lars,

ich freue mich, <u>dich</u> bald wieder zu treffen, und danke <u>dir</u> für die lustige Karte, die <u>du</u> mir aus dem Urlaub geschickt hast. (...)

Sehr geehrte Frau Fröhlich,

zu unserer Klassenfeier am 7. Mai möchten wir <u>Sie</u> herzlich einladen. Die Klasse 7c dankt <u>Ihnen</u> für die großzügige Spende. Auf unserer Feier wartet auch eine Überraschung auf <u>Sie</u> und die Eltern – aber wir verraten <u>Ihnen</u> noch nichts. (...)

126 **Deklination des Personalpronomens**

Numerus

Singular

Kasus	1. Pers.	2. Person neutral	2. Person höflich	3. Person Maskulinum	3. Person Femininum	3. Person Neutrum
Nominativ (Wer oder was?)	ich	du	Sie	er	sie	es
Genitiv (Wessen?)	meiner	deiner	Ihrer	seiner	ihrer	seiner
Dativ (Wem?)	mir	dir	Ihnen	ihm	ihr	ihm
Akkusativ (Wen oder was?)	mich	dich	Sie	ihn	sie	es

	Plural			
	1. Pers.	2. Person		3. Person
		neutral	höflich	für alle Genera
Nominativ	wir	ihr	Sie	sie
Genitiv	unser	euer	Ihrer	ihrer
Dativ	uns	euch	Ihnen	ihnen
Akkusativ	uns	euch	Sie	sie

Kollektive Bedeutungen

127

Einige Pronomen können allgemeine (kollektive) Bedeutung haben. Das Pronomen *du* wird dann ähnlich wie *man* gebraucht:

> Für Ferien am Meer brauchst <u>du</u> (braucht man) nicht viel Gepäck.

Das Pronomen *wir* erhält allgemeine Bedeutung, wenn die Hörer oder die Leser eines Textes einbezogen werden sollen:

> Dies ist, wie <u>wir</u> gesehen haben, der einzig richtige Weg.

Der Gebrauch von *es*

128

Das Personalpronomen *es* ist nicht nur, wie die anderen Personalpronomen, Stellvertreter für einzelne nominale Ausdrücke, sondern auch für einen ganzen Satz:

> Der Tiger sprang durch drei brennende Reifen. – Wir haben <u>es</u> selbst gesehen.

Es steht bei Verben, die vor allem Natur- und Witterungserscheinungen bezeichnen (= unpersönliche Verben). Das Personalpronomen *es* übernimmt dann die grammatische Rolle des Subjekts (Satzgegenstandes):

> <u>Es</u> regnet / blitzt / donnert. <u>Es</u> blüht überall.

Es kann auch als Akkusativobjekt ohne genauere Bedeutung stehen:

> Wir werden <u>es</u> schon schaffen! – Du wirst <u>es</u> sehen.

Reflexivpronomen (rückbezügliches Fürwort)

129

Mit dem Reflexivpronomen wird die Handlung oder das Geschehen auf das Subjekt des Satzes zurückbezogen.

Zuerst wäscht sie ihre kleine Tochter, dann wäscht sie <u>sich</u>.

Die kleine Tochter freut <u>sich</u>. Die Mutter begibt <u>sich</u> an die Arbeit.

(1) Bei den echten reflexiven Verben kann das Reflexivpronomen nicht weggelassen oder ausgetauscht werden; es steht nicht als Objekt, sondern es ist Bestandteil des Prädikats (der Satzaussage): sich schämen, sich beeilen, sich sorgen (um), sich (etwas) vornehmen, sich ereignen. ⇨ 244

Ich freue mich über das Geschenk.
      Prädikat

Ich habe mich über das Geschenk gefreut.
                Prädikat

(2) Bei den unechten reflexiven Verben kann statt des Reflexivpronomens auch ein anderer Ausdruck stehen. Nur in diesem Fall ist das Reflexivpronomen ein Objekt.

Er verletzt <u>sich</u>. Er verletzt <u>einen Mitspieler</u>. (Akkusativobjekt)

Wir schaden <u>uns</u>. Wir schaden <u>der ganzen Mannschaft</u>. (Dativobjekt)

130 **Deklination des Reflexivpronomens**

Die meisten Reflexivpronomen haben die gleichen Wortformen wie die Personalpronomen. Lediglich im Dativ und Akkusativ der 3. Person Singular und Plural gibt es eine besondere Wortform: *sich*.

Kasus/Numerus	1. Person	2. Person	3. Person Maskulinum	Femininum	Neutrum
Singular					
(Nominativ)	–	–	–	–	–
Genitiv	meiner	deiner	seiner	ihrer	seiner
Dativ	mir	dir	sich		
Akkusativ	mich	dich	sich		
Plural					
(Nominativ)	–	–	–	–	–
Genitiv	unser	euer	ihrer		
Dativ	uns	euch	sich		
Akkusativ	uns	euch	sich		

Beispiele:

– zum Genitiv: Er spottet seiner (selbst).

   Diese Form wird meist durch Präposition + Akkusativ ersetzt:

          Er spottet über sich (selbst).

– zum Dativ: Er gefiel sich (selbst) als Clown. Wir haben uns (selbst) geschadet.

– zum Akkusativ: Du wirst dich verletzen. Bedienen Sie sich!

– mit Präposition: Sie denkt nur an sich (selbst).

Zur Unterscheidung von Reflexivpronomen und Personalpronomen

131

Bezieht sich das Pronomen auf eine andere Person als die, die im Subjekt des Satzes genannt ist, so ist es nicht rückbezüglich. Es handelt sich dann um ein Personalpronomen.

Ich helfe <u>mir</u> schon (selbst). Gleiche Person → Reflexivpronomen (im Dativ)

Er hilft <u>mir</u> schon. Andere Person → Personalpronomen (im Dativ)

132

Beim erweiterten Infinitiv müssen zwei Möglichkeiten beachtet werden:

(1) Melanie bat ihre Freundin, <u>sich</u> zu entschuldigen.

sich = Reflexivpronomen: Die Freundin soll sich entschuldigen.

(2) Melanie bat ihre Freundin, <u>sie</u> zu entschuldigen.

sie = Personalpronomen: Die Freundin soll Melanie entschuldigen.

Bei Doppeldeutigkeiten sollte eine andere Formulierung gewählt werden.

Doppeldeutig: Eltern sollten die Kinder für sich arbeiten lassen.

  (Nicht gemeint ist, dass Kinder für ihre Eltern arbeiten sollten.)

Eindeutig: Eltern sollten die Kinder selbstständig arbeiten lassen.

Demonstrativpronomen (hinweisendes Fürwort)

133

Mit dem Demonstrativpronomen kann man ausdrücklich auf jemanden oder etwas hinweisen. In einer Sprechsituation, in der alle Gesprächspartner anwesend sind, genügt stattdessen die zeigende Geste, um zu verdeutlichen, was gemeint ist. Das Demonstrativpronomen wird als Stellvertreter oder als Begleiter eines Nomens gebraucht. Als Begleiter darf es nicht mit dem Artikel verwechselt werden!

Demonstrativpronomen: der, die, das, dem, ..., dieser, diese, dieses, diesem, ..., jener, derjenige, derselbe

Undeklinierbar ist das Demonstrativpronomen *selbst*; es steht immer hinter dem Nomen. (*Solch* und *derartig* sind demonstrative Adjektive.)

  Es war der Präsident <u>selbst</u>, der die Gäste begrüßte.

134 Stellvertreter oder Begleiter

Als Stellvertreter steht das Demonstrativpronomen ohne zugehöriges Nomen:

Seht euch <u>das</u> an! Gib mir <u>dieses</u> da! <u>Das</u> verstehe ich nicht. <u>Jenes</u> wollte ich haben.

Als Begleiter steht es mit einem Nomen (mit stärkerer Betonung als z. B. der Artikel*):

<u>Diese</u> CD ist der Hit des Jahres. Hast du <u>diesen</u> Film schon gesehen? <u>Die</u> (= diese) Jacke steht dir aber überhaupt nicht! Geben Sie mir <u>jenes</u> Buch dort!

135 Deklination der Demonstrativpronomen *der* und *dieser*

Kasus	Singular Maskulinum	Femininum	Neutrum	Plural für alle Genera
Nominativ	der	die	das	die
Genitiv	dessen	deren	dessen	deren/derer
Dativ	dem	der	dem	denen
Akkusativ	den	die	das	die
Nominativ	dieser	diese	dies(es)	diese
Genitiv	dieses	dieser	dieses	dieser
Dativ	diesem	dieser	diesem	diesen
Akkusativ	diesen	diese	dies(es)	diese

136 Vorausdeutung und Rückverweis

Das Demonstrativpronomen kann vorausweisend oder rückweisend gebraucht werden.

Alle die haben gewonnen, die eine 13 gezogen haben.

Joscha hat eine 13 gezogen. Die bringt ihm Glück.

Das Demonstrativpronomen kann sich auf ein einzelnes Bezugswort (als Gleichsetzung) beziehen oder auf einen ganzen Satz.

Im Kino läuft ein <u>Science-Fiction</u>. – <u>Der</u> ist aber besonders langweilig.

Im Kino läuft ein <u>Science-Fiction</u>. – <u>Das</u> wollte ich gar nicht wissen.

---

* Die Betonung allein ist kein Abgrenzungsmerkmal. Der Artikel in der Funktion eines Demonstrativpronomens ist mit diesem austauschbar; andernfalls handelt es sich um eine einfache Form der Emphase (Eindringlichkeit, Nachdruck im Reden).

derselbe – der gleiche **137**

Das Demonstrativpronomen *derselbe/dieselbe/dasselbe* wird zusammengeschrieben; es bezeichnet immer einen einzigen Gegenstand oder eine einzige Person.

Immer getrennt wird *der/die/das gleiche* geschrieben; es wird vor allem zur Bezeichnung mehrerer Einzeldinge der gleichen Art gebraucht.

>Meine Freundinnen besuchen dieselbe Schule wie ich. (= Gebäude)
>Meine Freundinnen besuchen die gleiche Schule wie ich.
>(= eine andere Schule, die aber zur gleichen Schulform gehört)

Wenn der Artikel mit einer Präposition verschmilzt, schreibt man immer getrennt:

>in demselben Jahr – im selben Jahr.

Mehrdeutigkeit **138**

Oft kann das Demonstrativpronomen Missverständnisse vermeiden helfen.

Doppeldeutig: Fragen Sie doch ihre Nachbarin und ihren Bruder nach der vermissten Katze.

Eindeutig: Fragen Sie doch ihre Nachbarin und deren Bruder ...

(Der Angesprochene soll den Bruder der Nachbarin fragen, nicht seinen eigenen.)

Possessivpronomen (besitzanzeigendes Fürwort) **139**

Mit dem Possessivpronomen werden Besitzverhältnisse, eine Zugehörigkeit, Zuordnung oder Zusammengehörigkeit ausgedrückt. Possessivpronomen stehen als Begleiter* vor einem nominalen Ausdruck oder als Stellvertreter für einen nominalen Ausdruck.

a) Das Possessivpronomen als Begleiter richtet sich in seiner Form sowohl nach dem Bezugswort, bei dem es steht, als auch nach dem „Besitzer", für den es steht:

– Person (1., 2., 3. Person):

>Ich weiß nicht, wo mein Buch ist. – Ich habe dein Buch nicht.

– Numerus (Singular, Plural):

>Ich habe dein Buch. – Ich habe deine Bücher.

– Genus (Maskulinum, Femininum, Neutrum):

>Willst du mein Buch oder meine Zeitung?

b) Das Possessivpronomen vertritt als Stellvertreter ein nominales Satzglied:

---

* In einigen Grammatiken werden nur die Stellvertreter als Possessivpronomen angesehen. Die Begleiter zählen dann (formal) zur Kategorie *Artikel*, da sie mit ihm austauschbar sind. (Mein neues Buch. – Ein neues Buch.) ⇨ 100
Gelegentlich findet sich auch die Bezeichnung *possessives Adjektiv* oder die Einbeziehung in Sammelklassen wie *Determinator, Determinativ.*

– Ohne Artikel treten zusätzlich *-er* (Nominativ, Maskulinum, Singular) und *-(e)s* (Nominativ/Akkusativ, Neutrum, Singular) als Endungen auf:

> Wem gehört der Bleistift? – Es ist mein<u>er</u>.
> Welches Buch suchst du? – Ich suche mein<u>(e)s</u>.

– Mit Artikel gleichen die Endungen der schwachen Deklination des Adjektivs. ⇨ 108

> (Welches Buch suchst du?) – Ich suche das mein<u>e</u>.

– Möglich sind hier auch die Ableitungen auf *-ig:* der/das meinige; allerdings klingen sie veraltet.

140 Kongruenz (grammatische Übereinstimmung)

Die Form des Possessivpronomens steht in Kongruenz mit dem Nomen oder Pronomen, für das es steht:

> Jan fährt das Fahrrad von mir.   – Jan fährt <u>mein</u> Fahrrad.
> Jan fährt das Fahrrad von dir.   – Jan fährt <u>dein</u> Fahrrad.
> Jan fährt Monikas Fahrrad.   – Jan fährt <u>ihr</u> Fahrrad.
> Jan fährt Ulfs Fahrrad.   – Jan fährt <u>sein</u> Fahrrad.

Im letzten Beispiel, das missverständlich sein kann, sollte das Demonstrativpronomen stehen: – Jan fährt dessen Fahrrad.

⇨ 133, 138; zur formalen Abhängigkeit auch ⇨ 143

141 Deklination des Possessivpronomens

Personal-pronomen*	Kasus	Numerus Singular Maskulinum	Femininum	Neutrum	Plural für alle Genera
ich	Nominativ	mein	meine	mein	meine
	Genitiv	meines	meiner	meines	meiner
	Dativ	meinem	meiner	meinem	meinen
	Akkusativ	meinen	meine	mein	meine
du	Nominativ	dein	deine	dein	deine
	Genitiv	deines	deiner	deines	deiner
	Dativ	deinem	deiner	deinem	deinen
	Akkusativ	deinen	deine	dein	deine

* Kennzeichnet die formale Abhängigkeit des Possessivpronomens vom „Besitzer". ⇨ 140, 143 (1)

Personal- pronomen*	Kasus	Numerus Singular Maskulinum	Femininum	Neutrum	Plural für alle Genera
er/es	Nominativ	sein	seine	sein	seine
	Genitiv	seines	seiner	seines	seiner
	Dativ	seinem	seiner	seinem	seinen
	Akkusativ	seinen	seine	sein	seine
sie	Nominativ	ihr	ihre	ihr	ihre
	Genitiv	ihres	ihrer	ihres	ihrer
	Dativ	ihrem	ihrer	ihrem	ihren
	Akkusativ	ihren	ihre	ihr	ihre

Personal- pronomen*	Kasus	Numerus Singular Maskulinum	Femininum	Neutrum	Plural für alle Genera
wir	Nominativ	unser	unsere	unser	unsere
	Genitiv	unseres	unserer	unseres	unserer
	Dativ	unserem	unserer	unserem	unseren
	Akkusativ	unseren	unsere	unser	unsere
ihr	Nominativ	euer	eure	euer	eure
	Genitiv	eures	eurer	eures	eurer
	Dativ	eurem	eurer	eurem	euren
	Akkusativ	euren	eure	euer	eure
sie	Nominativ	ihr	ihre	ihr	ihre
	Genitiv	ihres	ihrer	ihres	ihrer
	Dativ	ihrem	ihrer	ihrem	ihren
	Akkusativ	ihren	ihre	ihr	ihre

Statt *unseres* usw. steht auch *unsres/unsers* usw.

---

* Kennzeichnet die formale Abhängigkeit des Possessivpronomens vom „Besitzer". ⇨ 140, 143 (1)

142 Höflichkeitsformen

Die Höflichkeitsform des Possessivpronomens *ihr* wird immer großgeschrieben. Die Formen *dein* und *euer* usw. werden in Briefen kleingeschrieben. (Vgl. auch ⇨ 125)

Liebe Frau Winkler,
Ihre (Possessivpronomen) Tochter hat zusammen mit ihren Freundinnen beim wilden Ballspielen auf unser Fenster zum Hof getroffen und die Scheibe zerschlagen. Wir erwarten, dass Sie (Personalpronomen) den Schaden Ihrer (Possessivpronomen) Versicherung melden, so dass sie ihn baldmöglichst begleicht. Außerdem sollten Sie (Personalpronomen) Ihre (Possessivpronomen) Tochter darauf hinweisen, dass es selbstverständlich ist, sich für ein solches Verhalten zu entschuldigen.
Ihre (Possessivpronomen) verstimmten Nachbarn

143 Formale Abhängigkeit des Possessivpronomens

Das Possessivpronomen ist in zweifacher Hinsicht abhängig:

(1) Formale Abhängigkeit vom Nomen, das den Besitzer bezeichnet:

| Ist dies Marks Buch oder Melanies Buch? | Unterschiedliche |
| Ist dies sein Buch oder ihr Buch? | Possessivpronomen |

(2) Formale Abhängigkeit vom Nomen, vor dem es steht:

| Willst du das Buch oder die Zeitung lesen? | Unterschiedliche |
| Willst du mein Buch oder meine Zeitung lesen? | Flexion des gleichen Possessivpronomens |

144 Interrogativpronomen (Fragefürwort)

Interrogativpronomen leiten Ergänzungsfragen (Satzgliedfragen) ein und sind deklinierbar. Man spricht hier auch gelegentlich von W-Fragen; doch nicht alle Fragewörter, die mit W beginnen, sind Pronomen. Die undeklinierbaren Formen sind Interrogativadverbien.

– Interrogativpronomen (deklinierbar): Wer kommt da? – Wen hast du gesehen? – Welchen möchtest du? – Was hast du gesagt?
– *welcher, wer* und *was* können auch Relativpronomen sein. ⇨ 150

Zu den Fragewörtern zählen auch die Interrogativadverbien. Im Gegensatz zu den Interrogativpronomen werden sie nicht dekliniert. Man fragt mit ihnen nach Ort, Zeit, Grund, Art und Weise: wann?, wo?, wie lange?, wieviel?, wodurch?

Deklination der Interrogativpronomen *wer?* und *welcher?*   **145**

Kasus	Singular und Plural			Singular			Plural
	Mask.	Fem.	Neutr.	Mask.	Fem.	Neutr.	für alle Genera
Nominativ	wer?	wer?	was?	welcher?	welche?	welches?	welche?
Genitiv		wessen?		welches? } welchen?	welcher?	welches? } welchen?	welcher?
Dativ		wem?		welchem?	welcher?	welchem?	welchen?
Akkusativ	wen?	wen?	was?	welchen?	welche?	welches?	welche?

Zum Gebrauch von *welcher?*   **146**

Mit *welcher?* kann man nach einem einzelnen Lebewesen oder nach einem einzelnen Ding aus einer Menge fragen.

Die Interrogativpronomen können als Stellvertreter oder Begleiter verwendet werden.

Bei *welcher?* sind im Genitiv Maskulinum und Neutrum zwei Formen möglich, wenn der Genitiv des folgenden Nomens auf *-(e)s* endet:

Welchen Schülers Mappe ist dies? (Genitiv von Schüler: Schülers)

Oder: Welches Schülers Mappe ist dies?

Aber nur: Welches Jungen Schuhe stehen noch im Umkleideraum? (Genitiv von Junge: Jungen)

Diese Ausdrucksweise ist heute allerdings ungebräuchlich. Die Frage würde eher lauten:

Wem von den Jungen gehören die Schuhe, die noch im Umkleideraum stehen?

Deklination eines folgenden Adjektivs   **147**

Nach *welcher?* wird das folgende Adjektiv schwach dekliniert:

Nominativ	Welcher spannende Film kam gestern im Fernsehen?
Genitiv	Das Ende welchen/welches spannenden Films meinst du?
Dativ	Welchem spannenden Film wurde ein Preis verliehen?
Akkusativ	Welchen spannenden Film willst du noch einmal sehen?

Unterscheidung zwischen *welch* und *welcher*   **148**

Nach endungslosem *welch* wird das folgende Adjektiv stark dekliniert:

Welch (undekliniert) unglaublichen (starke Deklination) Unsinn hat dir dein Freund da erzählt.

Aber: Welcher (dekliniert) unglaubliche (schwache Deklination) Unsinn ist dir da erzählt worden.

149 **Zum Gebrauch von *was für ein?***

Mit *was für ein* kann man die Eigenschaften oder Beschaffenheit von etwas oder jemandem genauer erfragen; das folgende Adjektiv wird gemischt dekliniert.

Nominativ	<u>Was für ein</u> spannender Film kam gestern im Fernsehen?
Genitiv	Das Ende <u>was für eines</u> spannenden Filmes meinst du?
Dativ	<u>Was für einem</u> spannenden Film wurde ein Preis verliehen?
Akkusativ	<u>Was für einen</u> spannenden Film willst du noch einmal sehen?

Im Plural fällt *ein* weg. <u>Was für</u> spannende Filme? (usw.)

150 **Relativpronomen (bezügliches Fürwort)**

Relativpronomen leiten Nebensätze ein; sie werden als Stellvertreter für ein Nomen (+ Artikel) oder ein Pronomen verwendet. Im Allgemeinen steht das Relativpronomen direkt hinter dem Nomen, auf das es sich bezieht.

Die Relativpronomen werden dekliniert; sie hängen von ihrem Bezugswort in Numerus und Genus ab. Der Kasus richtet sich nach der Bedeutung des Nebensatzes.

Der Nebensatz, den das Relativpronomen einleitet, heißt Relativsatz; er wird durch ein Komma vom Hauptsatz getrennt.

– Relativpronomen (deklinierbar): der, die, das, dem, ...; welcher, welche, welches, welchen, ...; wer, was

– Die Relativpronomen *welcher, wer* und *was* können auch Interrogativpronomen sein. ⇨ 144

Im Gegensatz zu den Relativpronomen werden die Relativadverbien nicht dekliniert: wo, wohin, woher, wann, wie, warum

151 **Deklination der Relativpronomen *der* und *welcher***

Kasus	Singular Maskulinum		Femininum		Neutrum		Plural für alle Genera	
Nominativ	der	welcher	die	welche	das	welches	die	welche
Genitiv	dessen	dessen	deren	deren	dessen	dessen	deren	deren
Dativ	dem	welchem	der	welcher	dem	welchem	denen	welchen
Akkusativ	den	welchen	die	welche	das	welches	die	welche

Mehrdeutigkeit beim Gebrauch des Relativpronomens   **152**

Um eindeutig zu sein, sollte das Relativpronomen nicht zu weit von seinem Bezugswort entfernt stehen.

nicht eindeutig: Sie traf die Schwester ihrer Freundin, die gerade ihre Prüfung bestanden hatte.

eindeutiger Bezug: Sie traf die Schwester ihrer Freundin. Die Schwester hatte gerade ihre Prüfung bestanden.

Zum Gebrauch von *deren* und *derer*   **153**

Im Genitiv Femininum Singular und Plural heißt das Relativpronomen *deren*; es darf nicht mit dem Genitiv Plural des Demonstrativpronomens *derer* (⇨ 135) verwechselt werden:

Relativpronomen

Singular: Er schrieb Urlaubsgrüße an eine Bekannte, <u>deren</u> (nicht: derer) er sich gerade erinnerte.

Plural: Er schrieb Urlaubsgrüße an alle Bekannten, <u>deren</u> (nicht: derer) er sich gerade erinnerte.

Zum Gebrauch von *welcher* als Relativpronomen   **154**

Das Relativpronomen *welcher* sollte nur dann gebraucht werden, wenn man gleich lautende Formen hintereinander vermeiden will:

Ich meine die, <u>welche</u> (statt: die) die Gebühren noch bezahlen müssen.

Weiterführender Relativsatz   **155**

Gelegentlich bezieht sich ein Relativpronomen auf den gesamten vorangegangenen Satz:

Bezug nur auf das davor stehende Nomen:	Carina erzählte <u>einen Witz</u>, <u>den</u> keiner verstehen konnte.
	(Keiner konnte den Witz verstehen.)
Bezug auf den davor stehenden Satz: (= weiterführender Relativsatz ⇨ 321)	Carina erzählte einen Witz, <u>was</u> keiner verstehen konnte.
	(Keiner konnte verstehen, warum sie in dieser Situation einen Witz erzählte.)

156 Indefinitpronomen (unbestimmtes Fürwort)

Indefinitpronomen kennzeichnen Personen oder Sachen, die nach Genus oder Numerus unbestimmt sind.

– Unbestimmt im Genus: man, sämtlich, jemand, niemand, alle

– Unbestimmt im Numerus: jeder, jemand, manch(er), niemand

Einige Indefinitpronomen stehen nur als Stellvertreter, andere können auch als Begleiter eines Nomens gebraucht werden. Die meisten Indefinitpronomen werden stark dekliniert.

– Nur Stellvertreter: irgendwer, jedermann, man, einer

– Stellvertreter oder Begleiter: etwas, jeder, alle, sämtliche, einige, kein, nichts

Indefinitpronomen und unbestimmte Numeralia (Zahlwörter) sind einander sehr ähnlich. Man fasst sie daher in einer Gruppe zusammen: einzeln, einzig, übrig, ganz, halb, wenig, viel, alle, mehrere, zahllos

157 Deklination der Indefinitpronomen *jemand* und *jeder*

Kasus	Unbestimmt im Numerus			Unbestimmt in Genus und Numerus
	Maskulinum	Femininum	Neutrum	
Nominativ	jeder	jede	jedes	jemand
Genitiv	jeden / jedes	jeder	jeden / jedes	jemandes
Dativ	jedem	jeder	jedem	jemand(em)
Akkusativ	jeden	jede	jedes	jemand(en)

Die Indefinitpronomen *man, nichts, etwas* sind nicht deklinierbar.

158 Zum Gebrauch von *jeder*

Im Allgemeinen wird bei *jeder* im Genitiv Maskulinum/Neutrum die Form auf *-es* genommen; vor Nomen, die im Genitiv *-(e)s* haben, kann die Form wechseln:

Nur eine Form	das Fahrrad jedes Jungen (Genitiv: des Jungen)
Beide Formen möglich	die Aufgabe jedes Schülers (Genitiv: des Schülers) die Aufgabe jeden Schülers

Zum Gebrauch von *jemand/niemand* + anders   **159**

Die Indefinitpronomen *jemand* und *niemand* haben z.T. mehrere Formen, vor allem in Verbindung mit *anders*.

Im Genitiv heißt es immer:	jemandes, jemands; niemandes, niemands

In Verbindung mit *jemand/niemand* steht meist die Form *anders*; die Formen *anderes*, *andres* klingen hier veraltet.	Nominativ Dativ Akkusativ	Das ist jemand anders. Ich spreche von jemand anders. Er arbeitet für jemand anders.
Von *jemand/niemand* sind im Dativ und Akkusativ Doppelformen möglich.	Dativ Akkusativ Dativ Akkusativ	Ich spreche von jemand(em) anderem. Er arbeitet für jemand(en) anderen. Ich spreche von jemand(em) Fremdem. Er arbeitet für jemand(en) Fremden.
Vor *anders* ist die endungslose Form üblich.		Ich spreche von jemand anders. Er arbeitet für niemand anders.

Zum Gebrauch von *all/alles*   **160**

Das Indefinitpronomen *alles* kann als Stellvertreter (Er gewann alles.) oder als Begleiter (Er gewann alles Geld. = das ganze Geld) gebraucht werden. Im Genitiv Singular Maskulinum und Neutrum gibt es zwei Formen:

(1) bei Nomen, die im Genitiv -*(e)s* haben, steht *allen*:

> Angesichts all*en* Ärgers wollten sie nicht weiterspielen.
> Nun hält man sie für Gegner all*en* kämpferischen Einsatzes.

(2) bei Adjektiven in der Rolle eines Nomens (Genitivendung nicht -*(e)s*) steht *alles*:

> Jana und Birgit sprachen noch lange miteinander eingedenk all*es* Schönen, das sie gemeinsam erlebt hatten.
> In der Musik ist Jana eine Anhängerin all*es* Klassischen.

3.6 Numerale (Zahlwort)

161

> Die Numeralia können im Wesentlichen als Adjektive angesehen werden, die vor Nomen stehen und diese näher bestimmen. Unter rein formalen Gesichtspunkten bilden die Numeralia keine gesonderte Wortart. Sie können jeweils anderen Wortarten zugeordnet werden. Der Übergang zu den Indefinitpronomen ist bei einigen Formen fließend.
>
> Mit Numeralia gibt man Zahlen, zählbare und unzählbare Größen und Mengen an. Man unterscheidet zwischen bestimmten und unbestimmten Numeralia.

Das Numerale als:

Zahladjektiv	drei Männer, mit der ersten Bahn, ein dreifacher Salto, ein halber Zentner
Nomen	im Dutzend billiger, Zehner und Hunderter getrennt schreiben
Adverb	... und drittens solltest du daran denken, ...
Pronomen	alle, beide, mehrere Äpfel
Präposition	beiderseits des Flusses

162 **Einteilung der Numeralia**

Unbestimmte Numeralia (siehe auch ⇨ 156)	einzeln, übrig, verschieden, ganz, wenig, alle, beide, mehrere
Bestimmte Numeralia	
(1) Kardinalzahlen (Grundzahlen)	null, eins, zwei, drei
(2) Ordinalzahlen (Ordnungszahlen)	erstens, zweitens, drittens
(3) Distributivzahlen (Aufteilungszahlen)	je zwei, je drei
(4) Iterativzahlen (Wiederholungszahlen)	zweimal, dreimal
(5) Multiplikativzahlen (Vervielfältigungszahlen)	zweifach, dreifach
(6) Kollektivzahlen	ein Dutzend
(7) Bruchzahlen	halb, anderthalb, das Drittel
(8) Gattungszahlwörter	einerlei, zweierlei (unbestimmt: allerlei, keinerlei, mancherlei)

Deklination der Kardinalzahlen *eins, zwei* und *drei*

163

Gemischte Deklination nach unflektiertem *manch, solch* usw.

Kasus	Genus Maskulinum	Femininum	Neutrum
Nominativ	einer*	eine	eines* (eins)
Genitiv	eines	einer	eines
Dativ	einem	einer	einem
Akkusativ	einen	eine	eines* (eins)

Schwache Deklination nach bestimmtem Artikel

Kasus	Genus Maskulinum	Femininum	Neutrum	für alle Genera	
Nominativ	(der) eine	(die) eine	(das) eine	zwei	drei
Genitiv	(des) einen	(der) einen	(des) einen	zweier	dreier
Dativ	(dem) einen	(der) einen	(dem) einen	zweien	dreien
Akkusativ	(den) einen	(die) eine	(das) eine	zwei	drei

164

Die Kardinalzahl *ein* ist stets betont.
Im Nominativ Maskulinum kommen *einer* oder *ein* vor:

> <u>Einer</u> wird gewinnen. – Nur <u>ein</u> Spieler kann gewinnen.
> (Nicht zwei oder mehrere Spieler können gewinnen.)

Der unbestimmte Artikel *ein* wird nicht betont.

> Nur ein Spieler kann gewinnen.
> (Wer kein Spieler ist, kann auch nicht gewinnen.)

Im Nominativ/Akkusativ Neutrum kommen *ein, eines* oder *eins* vor:

> Es ist noch <u>ein</u> Spiel geplant.
> Du hast nur noch <u>ein</u> Spiel vor dir.
> Du hast nur noch <u>eines</u> vor dir.
> Auf <u>eins</u> solltest du achten: Spiele konzentriert!

---

* Vor einem Nomen steht *ein*: Manch <u>einer</u> ging vorbei. Manch <u>ein</u> Bekannter ging vorbei.

165 Die Kardinalzahlen *zwei* und *drei* werden im Genitiv dekliniert, wenn kein Artikel davor steht: Mit Ausnahme <u>zweier</u> (<u>dreier</u>) Spitzenspieler war die Mannschaft vollständig. Aber: Mit Ausnahme der zwei (drei) Spitzenspieler ...

Ab *vier* gibt es keine deklinierten Formen: Mit Ausnahme von <u>vier</u> (<u>fünf</u>, ...) Spitzenspielern ...

166 Die Kardinalzahlen *zwei* bis *zwölf* können im Dativ dekliniert werden, wenn sie stellvertretend für Nomen gebraucht werden; üblich ist auch die Bildung auf -*t*:

Stellt euch zu <u>fünfen</u> auf. – Stellt euch zu <u>fünft</u> auf.

Gelegentlich tritt ein (situationsabhängiger) Bedeutungsunterschied auf:

Geht zu <u>dreien</u> in das Stadion. (= Dreiergruppen sind gemeint.)

Geht zu <u>dritt</u> in das Stadion. (= Nur drei Personen sind gemeint.)

167 **Das Numerale als Nomen**

Die Nomen (das) *Hundert*, (das) *Tausend*, (das) *Dutzend*, ... können im Nominativ/ Akkusativ Plural undekliniert gebraucht werden:

Einige Hundert(e) Fußballfans standen vor dem Stadion.

Stehen *Hundert, Tausend, Dutzend ...* im Genitiv, so werden sie wie ein Adjektiv flektiert, wenn kein anderes Wort den Genitiv anzeigt:

Trotz der Begeisterung Tausend<u>er</u> blieb das Spiel ohne Tore.

Aber: Trotz der Begeisterung <u>vieler</u> Tausend(e) blieb das Spiel ohne Tore.

168 **Bruchzahlen**

Bei den Bruchzahlen sind meist zwei Schreibweisen möglich:

Als Adjektiv: Wir kommen in <u>drei</u> <u>viertel</u> Stunden/in <u>drei</u> <u>Viertelstunden</u>.

Als Nomen: Wir kommen in einer <u>Dreiviertelstunde</u>. Der Gewinner erhält <u>drei</u> <u>Viertel</u> des Preisgeldes.

169 Die Bruchzahl *halb* wird nach *ein* entweder nicht flektiert oder entsprechend *ein* flektiert:

Beide unflektiert
(Zusammenschreibung): Er lief drei<u>einhalb</u> Runden.
Nach drei<u>einhalb</u> Runden ...

Beide flektiert
(Getrenntschreibung): Er lief drei und <u>eine</u> <u>halbe</u> Runde.
Nach drei und <u>einer</u> <u>halben</u> Runde ...

Ansonsten wird *halb* wie ein Adjektiv (⇨ 107 ff.) flektiert:

ein <u>halber</u> Kilometer

der <u>halbe</u> Kilometer

nach jedem <u>halben</u> Kilometer

3.7 Adverb (Umstandswort)

> Das Adverb gehört zu den Partikeln, den nicht flektierbaren Wortarten. Es wird vor allem gebraucht, um Verben, Adjektive, andere Adverbien oder ganze Sätze näher zu bestimmen oder zu charakterisieren.
>
> Nach ihrer Bedeutung, ihrer Form und ihrer Rolle im Satz unterscheidet man verschiedene Gruppen von Adverbien.

170

Adverbien

sehr, wirklich, ziemlich, dennoch, oft, immer, eher, hoffentlich, bald, vielleicht

Untergruppen des Adverbs

171

Je nach der Betrachtungsweise ergeben sich unterschiedliche Einteilungen der Adverbien in Gruppen:

(1) Nach der Bildungsweise

– Reine Adverbien aus nur einem Stammwort: bald, gern, sehr, dort

– Zusammensetzungen (aus selbstständigen Wörtern): dorthin, außerdem, vorher, deshalb

– Ableitungen (mit Präfix und/oder Suffix): blindlings, folglich, vergeblich, unzweifelhaft

(2) Nach der Stellung im Satz

– Das Adverb bestimmt ein Verb näher; es steht adverbial:

Die gegnerische Mannschaft spielt <u>anders</u>. – Der Torwart steht <u>hier</u>.

– Das Adverb nach *sein, werden, heißen* u. Ä.; es steht prädikativ:

Die gegnerische Mannschaft ist anders. – Der Torwart ist hier.

– Das Adverb steht bei einem Nomen (als Beifügung); es steht attributiv:

Der Torwart <u>dort</u>.

– Das Pronominaladverb steht als Stellvertreter (meist für ein präpositionales Gefüge):

Der Kommissar geht in das Haus. – Er geht hinein.

(präpositionales Gefüge)

– Das Konjunktionaladverb kann die Rolle einer nebenordnenden Konjunktion (⇨ 3.8) übernehmen: Der Sommer war sehr heiß, deshalb fuhren wir oft zum Schwimmen.

– Als Relativadverb kann das Adverb die Rolle eines Relativpronomens übernehmen:

wo, wohin, woher, wie

– Als Interrogativadverb kann das Adverb die Rolle eines Interrogativpronomens (Fragefürworts) übernehmen: wo?, wohin?, woher?, wie?

– Satzadverbien beziehen sich auf einen ganzen Satz:

Ich habe vermutlich mein Geld zu Hause vergessen.

Hoffentlich habe ich es nicht unterwegs verloren.

– Als Abtönungspartikel gibt das Adverb einer Aussage eine bestimmte Färbung:

doch, schon, bestimmt, vielleicht

Das habe ich doch gesagt. – Das habe ich bestimmt gesagt.

(3) Nach der Leistung der Adverbien im Satz

Lokale Adverbien (Ortsadverbien). Frage: wo? wohin? woher?

da, dort, wo, dorthin, wohin

Temporale Adverbien (Zeitadverbien). Frage: wann? wie lange? wie oft?

bald, nachher, gestern, jetzt

Modale Adverbien (Adverbien der Art und Weise). Frage: wie?

gern, sehr, eilends

Kausale Adverbien (Begründungsadverbien). Frage: warum? weshalb?

darum, folglich, trotzdem

172 Adverbiale Stellung des Adjektivs: Adjektivadverb

Fast alle Adjektive können im Satz die Aufgabe von Adverbien übernehmen. Sie heißen dann Adjektivadverbien und bestimmen ein Verb näher.

Sven grüßt freundlich.	Adjektivadverb, das ein Verb näher bestimmt.
Sven ist ein freundlicher Junge.	Attributives Adjektiv ⇨ 102
Sven ist freundlich.	Prädikatives Adjektiv ⇨ 103
Sven grüßt oft.	Reines Adverb, das ein Verb (adverbial) näher bestimmt.

Attributive Stellung des Adverbs   **173**

Als Attribut kann das Adverb ein Nomen, Adjektiv oder ein anderes Adverb näher bestimmen. Man sagt, es steht attributiv:

Deine Hausaufgaben <u>hier</u> sind in Ordnung.   Das Adverb steht als Attribut
                                                        bei einem Nomen.

Es sind <u>ziemlich</u> viele Hausaufgaben.   Das Adverb steht als Attribut
                                                        bei einem Adjektiv.

Du hast deine Hausaufgaben <u>sehr</u> gut gemacht.   Das Adverb steht als Attribut
                                                        bei einem anderen Adverb.

Pronominaladverb   **174**

Pronominaladverbien setzen sich zusammen aus:

Adverb   +   Präposition

da   (r)an

                    (r)auf

wo   +   bei

                    gegen

hier   (r)in

Die Pronominaladverbien können mit präpositionalen Gefügen ausgetauscht werden:

Der Hund liegt <u>in der Einkaufstasche</u>. – Er liegt <u>darin</u>.

Ist das Bezugswort ein Gegenstand oder ein Sachverhalt, so steht das Pronominal-   **175**
adverb (nicht Präposition + Pronomen).

Standardsprachlich: <u>Worum</u> geht es? – <u>Wozu</u> soll das gut sein?
Umgangssprachlich: <u>Um was</u> geht es? – <u>Zu was</u> soll das gut sein?

Ist das Bezugswort eine Person, dann steht Präposition + Pronomen:

<u>Zu wem</u> soll ich dich bringen?

Konjunktionaladverb   **176**

Mit dem Konjunktionaladverb werden zwei Hauptsätze nebengeordnet verbunden:

deshalb, allerdings, daher, dadurch, also, ...

– Zwei Hauptsätze:

  Die Ferien haben begonnen. Viele Internatsschüler fahren nach Hause zu ihren Eltern.

– Nebenordnung mit einem Konjunktionaladverb:

Die Ferien haben begonnen, <u>daher</u> fahren viele Internatsschüler nach Hause zu ihren Eltern.

– Nebenordnung mit einer Konjunktion (⇨ 186):

Die Ferien haben begonnen <u>und</u> viele Internatsschüler fahren nach Hause zu ihren Eltern.

Bei den nebenordnenden Konjunktionaladverbien folgt sogleich das flektierte Verb (*daher* fahren ...); bei den nebenordnenden Konjunktionen folgt zunächst das Subjekt, dann erst das flektierte Verb (*und viele Internatsschüler fahren* ...).

177 Relativadverb und Interrogativadverb

Mit Relativadverbien/Interrogativadverbien leitet man Relativsätze/Interrogativsätze (⇨ 279, 315) ein:

– Relativadverb (bezügliches Adverb)

Du sollst werfen, <u>wohin</u> ich zeige.

– Interrogativadverb (Frageadverb)

<u>Wohin</u> zeigst du denn?

Relativpronomen ⇨ 151 und Interrogativpronomen ⇨ 145 werden dekliniert; die entsprechenden Adverbien erfüllen zwar vergleichbare Aufgaben, werden aber nicht dekliniert.

Einteilung der Adverbien nach ihrer Leistung im Satz

Nach der Leistung im Satz unterscheidet man gewöhnlich vier größere Gruppen von Adverbien, die zum Teil noch weiter gegliedert werden können.

178 (1) Lokale Adverbien geben nähere Umstände des Ortes oder der Richtung an:

da, dort, dorthin, wohin, (wohin?), hin, her, umher, fort

– Umstände des Ortes: Ich meine das Kabel <u>hier</u>, nicht <u>dort</u>.

– Umstände der Richtung: Bring das Paket <u>hierher</u>! (Zum Sprecher hin)

                                          Leg das Paket <u>dorthin</u>! (Vom Sprecher weg)

179 (2) Temporale Adverbien geben nähere Umstände der Zeit an: danach, vorher, bald, abends, gestern, bisher, demnächst, spätestens, indessen, zwischendurch, endlich, schließlich

– Umstände der Zeit: Ich gehe <u>jetzt</u> heim. Es ist <u>schon</u> spät.

– Zurück- oder vorausweisend: Wir sind <u>bald</u> mit dem Aufräumen fertig. Er wird <u>nach-her</u> kommen. Wir haben <u>neulich</u> die Videofilme von der Feier wiedergefunden. <u>Früher</u> kannte man keine Videokameras.

– Umstände eines Zeitraums: Wir haben <u>bisher</u> noch keine Nachricht von ihr erhalten. Normalerweise ruft sie <u>dienstags</u> an.

(3) Modale Adverbien geben nähere Umstände der Art und Weise an: **180**

Art und Weise im engeren Sinn	Wie? Auf welche Weise?	gerne, blindlings, eilends, kurzerhand, kopfüber, gerade-aus, vergebens, irgendwie, genauso
Grad oder Maß	Wie? Wieviel?	genug, besonders, weitaus, sehr, zutiefst, geradezu, überhaupt
Begrenzung, Unbe-stimmtheit	Wie? Wie begrenzt?	nahezu, beinahe, fast, etwa, höchstens, ungefähr
Einschränkung (restriktiv)	Wie? Mit welcher Einschränkung?	allerdings, freilich, (in)soweit, zumindest, immerhin
Gegensatz (adversativ)	Wie? Sondern was (eher)?	doch, jedoch, dagegen, indessen
Hervorhebung	Wie? Wie sehr?	ausgerechnet, gerade, erst, genau, selbst, sogar, besonders, insbesondere
Beurteilung	Wie? Wie beschaffen?	vielleicht, sicher, bestimmt, durchaus, keineswegs, nicht

181   **(4) Kausale Adverbien** geben nähere Umstände des Grundes an:

Grund im engeren Sinne (kausal)	Warum? Aus welchem Grunde?	warum?, darum, weswegen, (weswegen?), deswegen
Begründung, Folge (konsekutiv)	Mit welcher Folge?	folglich, also, demnach, deshalb, sonst, demzufolge
Mittel (instrumental)	Mit welchem Mittel?	wodurch, (wodurch?), dadurch, hierdurch, damit, womit, (womit?)
Bedingung (konditional)	Unter welcher Bedingung?	notfalls, andernfalls, sonst, streng genommen, schlimmstenfalls
Gegengrund (konzessiv)	Mit welcher Einräumung?	trotzdem, dennoch, doch, nichtsdestoweniger
Zweck, Absicht (final)	Zu welchem Zweck?	wozu, (wozu?), dazu, darum, hierfür, hierzu

182   **Adverb oder Präposition**

Die Partikeln *an, bis, gegen, über, um, unter* können sowohl Adverbien als auch Präpositionen (Verhältniswörter) sein:

Adverb: Dieser Handball kostet <u>an</u> die 200 Mark. (= ungefähr)

Präposition: Sie warf den Ball <u>an</u> die Torlatte.

Als Adverbien können diese Partikeln weggelassen (oder mit einem anderen Adverb ausgetauscht) werden; sind diese Partikeln Präpositionen, können sie nicht weggelassen werden.

Adverb oder Adjektiv

183

Wörter wie *sicher, gewiss, bestimmt* können als Adverbien oder als Adjektive verwendet werden:

Adverb: Dagmar hat <u>gewiss</u> Ähnlichkeit mit Onkel Tobias.

Adjektiv: Dagmar hat (eine) <u>gewisse</u> Ähnlichkeit mit Onkel Tobias.

Das Adjektiv in attributiver Stellung (als Begleiter vor einem Nomen) wird dekliniert, das Adverb nicht.

Komparation (Steigerung) des Adverbs

184

Einige Adverbien können meist unregelmäßige Steigerungsstufen bilden:

wohl	–	besser	–	am besten
		wohler	–	am wohlsten
sehr	–	mehr	–	am meisten
gern	–	lieber	–	am liebsten
bald	–	eher	–	am ehesten

Gradunterschiede bei Adverbien können auch durch andere sprachliche Mittel gekennzeichnet werden:

> Die Ruderer schauen <u>wenig</u> <u>hoffnungsvoll</u> zu den anderen Booten hinüber.
>
> Die Nummer 12 liegt beim Rennen <u>am weitesten</u> <u>vorn</u>.
>
> Die Insel Amrum liegt <u>ganz, ganz</u> <u>dahinten</u>.

3.8 Konjunktion (Bindewort)

185

Konjunktionen gehören zu den Partikeln, den nicht flektierbaren Wortarten. Sie zählen weder zu den Satzgliedern noch zu den Attributen (Satzgliedteilen) und werden daher bei der Ermittlung der Satzgliedstellen in einem Satz oder Satzgefüge nicht mitgezählt. Konjunktionen verbinden Wörter, Wortgruppen, Satzglieder oder Teilsätze miteinander.

Im Allgemeinen unterscheidet man nebenordnende und unterordnende Konjunktionen; hinzu kommen noch die Satzteilkonjunktionen und die Infinitivkonjunktionen.

Konjunktionen

Nebenordnende Konjunktionen   und, oder, aber, sondern, denn

Unterordnende Konjunktionen   als, bis, weil, wenn, obwohl, dass

Satzteilkonjunktionen	als, wie
Infinitivkonjunktionen	um – zu, ohne – zu

Grundregeln für das Komma bei Aufzählungen und beim Gebrauch von Konjunktionen:

(1) Das Komma steht bei nebenordnenden Aufzählungen von Wörtern, Wortgruppen und Teilsätzen, wenn sie nicht durch *und* oder *oder* verbunden sind.

In unserem Sportverein kann man Volleyball, Basketball oder Badminton spielen, man kann reiten, schwimmen und viele andere Sportarten ausüben.

(2) Kein Komma steht bei der Nebenordnung durch *und, oder* (siehe 1), *beziehungsweise, entweder – oder, sowie, sowohl – als auch, weder – noch, wie*.

In unserem Sportverein kann man sowohl reiten als auch schwimmen beziehungsweise viele andere Sportarten ausüben.

(3) Das Komma muss stehen bei unterordnenden Verbindungen von Wortgruppen oder Teilsätzen; hierzu zählt immer die Verbindung von Haupt- und Nebensatz (⇨ 189 – 192).

In unserem Sportverein kann man Ballspiele, die sehr beliebt sind und viel besucht werden, ausüben oder man kommt spätabends, wenn nicht so viele Kurse laufen.

(4) Eingeschobene Nebensätze werden vom Hauptsatz durch Kommas getrennt.

In unserem Sportverein ist Tennis, für das es Wartelisten gibt, die beliebteste Sportart.

(5) Nebensätze unterschiedlichen Grades (⇨ 296) werden durch ein Komma getrennt.

In unserem Sportverein ist Tennis, für das es Wartelisten gibt, weil mehr Bewerber als freie Plätze vorhanden sind, die beliebteste Sportart.

186 **Nebenordnende Konjunktionen**

Nebenordnende Konjunktionen verbinden Wörter, Wortgruppen, Satzglieder oder Teilsätze gleicher Ordnung miteinander. Das Komma steht nicht vor *und* oder *oder* (1, 2), auch dann nicht, wenn zwei Hauptsätze nebenordnend verbunden sind (⇨294). Einschränkende, entgegensetzende oder begründende Konjunktionen (3 – 5) werden immer durch Komma abgetrennt.

(1) Anreihend (kopulativ)

Katrin bekam zum Geburtstag ein Computerspiel <u>und</u> ein paar neue Stiefel geschenkt.

Kai, Uwe <u>und</u> Ulrike kamen zur Geburtstagsfeier.

Kai <u>und</u> Uwe schenkten Katrin ein Tierlexikon <u>und</u> Ulrike brachte eine CD mit.

Katrin freute sich <u>sowohl</u> über das Lexikon <u>als auch</u> über die CD.

(2) Ausschließend (disjunktiv)

Willst du Kai <u>oder</u> Uwe ins Kino einladen?

Ihr könnt <u>entweder</u> Freitag <u>oder</u> Sonntag zu Besuch kommen.

(3) Einschränkend (restriktiv)

Das Buch gefällt Katrin, <u>aber</u> sie hat bereits ein Tierlexikon.

(4) Gegensätzlich (adversativ)

Nils kommt nicht zur Geburtstagsfeier, <u>sondern</u> (er) geht zum Handball-Training.

(5) Begründend (kausal)

Meine Eltern fahren euch nach Hause, <u>denn</u> der letzte Bus ist schon weg.

Nebenordnung von Teilsätzen

187

Wenn Teilsätze mit einer nebenordnenden Konjunktion verbunden werden, ändert sich die Reihenfolge der Satzglieder nicht. Die Konjunktion wird bei der Ermittlung der Satzgliedstellen nicht mitgerechnet:

Katrin wollte im Garten grillen. Alle Geburtstagsgäste halfen bei den Vorbereitungen mit.

Katrin wollte im Garten grillen <u>und</u> alle Geburtstagsgäste halfen bei den Vorbereitungen mit.

Alle helfen mit. Es ist bereits sehr spät.

Alle helfen mit, <u>denn</u> es ist bereits sehr spät.

Werden Teilsätze mit einem Adverb (Konjunktionaladverb ⇨ 176) verbunden, so ändert sich die Stellung des ersten Satzglieds; an seine Stelle tritt das Konjunktionaladverb als selbstständiges Satzglied:

Katrin wollte im Garten grillen, <u>deshalb</u> halfen alle Geburtstagsgäste mit.

Alle helfen mit, <u>allerdings</u> ist es schon sehr spät am Abend.

Das flektierte Verb bleibt in diesen Fällen an der zweiten Satzgliedstelle (⇨ 293).

188 **Zweigliedrige Konjunktionen**

Zweigliedrige nebenordnende Konjunktionen verbinden Wörter, Wortgruppen oder Teilsätze wie in einer Aufzählung (⇨ 185):

Kein Komma: sowohl – als auch, weder – noch, entweder – oder
Durch Komma getrennt: bald – bald, einerseits – andererseits, teils – teils,
                        nicht nur – sondern auch, halb – halb, je mehr – desto

Sie wollten <u>sowohl</u> ins Kino gehen <u>als auch</u> Fußball spielen.

Sie wollten <u>einerseits</u> ins Kino gehen, <u>andererseits</u> (wollten sie) Fußball spielen.

Unterordnende Konjunktionen

Unterordnende Konjunktionen verbinden Haupt- und Nebensätze (⇨ 7.1); der Hauptsatz ist übergeordnet, der Nebensatz vom Hauptsatz abhängig, das heißt untergeordnet. Haupt- und Nebensatz werden stets durch ein Komma (oder Semikolon) getrennt.

Je nach der Bedeutung unterscheidet man folgende Untergruppen:

189 **(1) Temporale Konjunktionen** kennzeichnen den zeitlichen Ablauf eines Geschehens:

– Gleichzeitigkeit: während, seitdem, solange, sobald, als, wenn
                      Die Fischer werfen ihre Netze aus, <u>während</u> es hell wird.
– Vorzeitigkeit: nachdem, sobald, seitdem
                      Die Fischer werfen ihre Netze aus, <u>sobald</u> es hell geworden ist.
– Nachzeitigkeit: bevor, ehe, bis
                      Die Fischer werfen ihre Netze aus, <u>bis</u> es hell wird.

(2) Modale Konjunktionen kennzeichnen die Art und Weise eines Geschehens: **190**

Modal im engeren Sinne	indem, ohne dass, statt dass	Theo öffnete das Schloss, indem er die richtige Zahlenkombination einstellte.
Einschränkung (restriktiv)	(in)soweit, soviel, insofern	Diese Tasche lässt sich nur öffnen, insofern man die Zahlenkombination für das Schloss kennt.
Gegensatz (adversativ)	wohingegen, während	Anika geht gerne auf Reisen, während ihr Bruder lieber zu Hause bleibt.
Vergleich (komparativ)	wie, als, als ob, wie wenn	Wir lieben England, als ob es unsere zweite Heimat wäre.
Gleichung (proportional)	je (– desto, – um so)	Je öfter wir dorthin fahren, desto mehr Neues entdecken wir.

(3) Kausale Konjunktionen kennzeichnen im weiteren Sinne den Grund eines   **191**
Geschehens:

Kausal im engeren Sinne	weil, da, zumal	Die Kinder gingen ins Haus, weil es zu kalt wurde.
Folge (konsekutiv)	(so) dass, als dass	Die Sonne schien schon früh, so dass es schnell heiß wurde.
Mittel (instrumental)	indem	Die Badegäste schützten sich vor der Sonne, indem sie ein Sonnensegel aufspannten.

Bedingung (konditional)	wenn, falls, sofern	Die Fahrt wird nur durchgeführt, <u>wenn</u> sich genug Teilnehmer melden.
Einräumung (konzessiv)	obgleich, obwohl, wenngleich, wenn auch	Einige blieben am Strand, <u>ob-gleich</u> ein heftiger Wind aufkam.
Zweck, Absicht (final)	damit, dass	Spannt ein Sonnensegel auf, <u>damit</u> ihr Schatten habt!

192   *dass-, ob-* und *wie*-Satz

Die Konjunktionen *dass, ob* und *wie* lassen sich nicht immer eindeutig zuordnen; sie kennzeichnen lediglich die grammatische Abhängigkeit:

– Inhaltssatz (dass-Satz): Luis wusste, <u>dass </u>er zu spät zur Schule kommen würde.

– Indirekter Fragesatz (ob-Satz): Er fragte sich, <u>ob</u> er überhaupt noch gehen sollte.

– Modaler Aussagenebensatz (wie-Satz): Niemand weiß, <u>wie</u> das ausgehen wird.

(Die durch eine Konjunktion eingeleiteten Nebensätze nennt man auch Konjunktional-sätze. ⇨ 7.3)

193   **Satzteilkonjunktion**

Die Satzteilkonjunktionen verbinden Satzglieder oder Satzgliedteile in einem Satz:

wie, als, desto, umso

         Alexander stellt sich an <u>wie</u> ein Angsthase.

         Sylvia ist so alt <u>wie</u> Petra.

         Sie ist mutiger <u>als</u> alle anderen.

Im Vergleich steht bei gleicher Stufe *wie*: genauso mutig wie ...

         bei ungleicher Stufe *als*: mutiger als ...

Leiten die Konjunktionen *wie* und *als* einen Nebensatz (Vergleichssatz) ein, so handelt es sich um unterordnende Konjunktionen (⇨ 190). Der Nebensatz wird vom Hauptsatz durch Komma getrennt.

         Paula rechnet schneller, <u>als Jan glauben kann</u>. (Nebensatz)

Aber: Paula rechnet schneller <u>als Jan</u>. (Satzteil)

Infinitivkonjunktion   **194**

Die Infinitivkonjunktionen verbinden Infinitive mit einem Satz: zu, um – zu, anstatt –
zu, ohne – zu

(1) Einfacher Infinitiv	Paul glaubte zu träumen.
(2) Erweiterter Infinitiv	Er glaubte, <u>schon wieder</u> zu träumen.
	(*schon wieder* bezieht sich auf *träumen*.)
(3) Infinitiv mit *um – zu* (final)	Wir gehen ins Hotel(,) um uns auszuruhen.
(4) Infinitiv mit *anstatt – zu*,	Sie können die Ware nicht mitnehmen(,) ohne
ohne – zu (modal)	vorher zu bezahlen.

Die erweiterten Infinitive (2) bis (4) werden gewöhnlich nicht durch ein Komma abgetrennt. Zur besseren Lesbarkeit oder wenn – wie bei (2) – ein Missverständnis
möglich ist, sollte ein Komma gesetzt werden. Kündigt ein hinweisendes Wort einen
erweiterten Infinitiv an, so muss ein Komma gesetzt werden:

Paul glaubte <u>daran</u>, das Spiel zu gewinnen.

3.9 Präposition (Verhältniswort)

    195

Präpositionen gehören zu den Partikeln, den nicht flektierbaren Wortarten. Sie
stellen keine Satzglieder oder Attribute (Satzgliedteile) dar, bestimmen aber den
Kasus ihres jeweiligen Bezugswortes.
Die Präposition stellt eine Beziehung zwischen zwei Ausdrücken und deren
Bedeutungen her. Je nach Art dieser Beziehung unterscheidet man lokale, tem-
porale, modale und kausale Präpositionen.

Präpositionen

Der Hund sitzt <u>an</u> der Kiste – <u>auf</u> der Kiste – <u>unter</u> der Kiste –
<u>in</u> der Kiste – <u>unweit</u> der Kiste – <u>hinter</u> der Kiste.
Er läuft <u>um</u> die Kiste – <u>gegen</u> die Kiste – <u>hinter</u> die Kiste.

Stellung der Präposition im Satz   **196**

Präpositionen können unterschiedliche Stellungen zu ihrem Bezugswort einnehmen:
– Vor dem Bezugswort: Wir waren <u>bei</u> unseren Großeltern.
– Nach dem Bezugswort: Der Bequemlichkeit <u>halber</u> fuhren wir mit dem Taxi.

– Das Bezugswort umschließend: <u>Um</u> der guten Stimmung <u>willen</u> haben wir uns Fotos von früher angesehen.

– Vor- oder Nachstellung möglich: <u>Wegen</u> der Großeltern ... Der Großeltern <u>wegen</u> ...

197 Präpositionen können bei unterschiedlichen Wortarten stehen:

– bei einem Nomen: <u>von</u> der Kiste steigen

– bei einem Pronomen: <u>von</u> etwas heruntersteigen

– bei einem Adjektiv: etwas <u>von</u> weitem erkennen

– bei einem Adverb: <u>von</u> oben kommen

198 **Präposition + Artikel**

Einige Präpositionen können mit dem bestimmten Artikel verschmelzen:

an dem = am; bei dem = beim; in dem = im; zu dem = zum; zu der = zur; an das = ans usw.

In all diesen Fällen muss der bestimmte Artikel schwach betont sein; ist er stark betont, kann die Verschmelzung nicht stehen.

Anne geht <u>zu der</u> Schule, die schon ihre Mutter besucht hat.

(In betonter Stellung hat *der* demonstrativen Charakter. ⇨ 134)

199 **Rektion (Festlegung des grammatischen Falls)**

Die Präpositionen bestimmen den Kasus ihres jeweiligen Bezugswortes. Man spricht hier von der Rektion zwischen Präposition und Bezugswort.

Präposition	Abhängiger Kasus Rektion	Beispiel
bis, durch, für, um, gegen, wider, ohne	Akkusativ (4. Fall)	bis nächsten Freitag; bis Freitag, den 13. dieses Monats; wider den tierischen Ernst

Präposition	Abhängiger Kasus Rektion	Beispiel
mit, nach, bei, seit, von, zu, entgegen, gegenüber, binnen, gemäß, außer, aus, nebst	Dativ (3. Fall)	binnen kurzem; gemäß unserem Schreiben; außer dem Jungen dort; seit Freitag, dem 13. dieses Monats
an, auf, hinter, neben, in, über, unter, vor, zwischen	Dativ oder Akkusativ	Lage (Frage: Wo?) – Dativ auf dem Sofa liegen Richtung (Frage: Wohin?) – Akkusativ auf das Sofa legen
unweit, mittels, kraft, während, laut, ungeachtet, innerhalb, außerhalb, diesseits, wegen, statt, anstatt, um – willen	Genitiv (2. Fall)	unweit des Sees, kraft Gesetzes, laut unserer Unterlagen, innerhalb des letzten Monats, wegen des schlechten Wetters, statt meines Fahrrads, um seiner Schwester willen

Ist weder Lage noch Richtung erkennbar, so stehen

200

an, in, neben, unter, vor, zwischen	im Dativ	sich vor dem Unwetter schützen; Jugendliche unter sechzehn Jahren
auf, über	im Akkusativ	auf dieses Vergehen folgt keine Strafe; Jugendliche über sechzehn Jahre

201 Bei Präpositionen, die den Genitiv erfordern, muss in bestimmten Fällen der Dativ stehen.

Nomen, bei denen der Genitiv Plural die gleiche Form hat wie der Nominativ/ Akkusativ, stehen zur besseren Verständigung im Dativ Plural, wenn kein anderer Begleiter den Kasus anzeigt:

Singular (im Genitiv):	Plural ohne Begleiter (im Dativ):
Der Preis gilt einschließlich des Getränks.	Der Preis gilt <u>einschließlich</u> Getränk<u>en</u>.
Der Verdächtige wurde mangels eines Beweises freigesprochen.	Er wurde <u>mangels</u> Beweis<u>en</u> freigesprochen.

	Plural mit Begleiter (im Genitiv):
	Der Preis gilt <u>einschließlich</u> aller Getränk<u>e</u>.
	Er wurde <u>mangels</u> jeglicher Beweis<u>e</u> freigesprochen.

202 Ob der Genitiv, Dativ oder Akkusativ steht, hängt bei *entlang, zufolge, zugunsten* auch von der Stellung des Bezugswortes ab:

– Akkusativ oder Dativ, wenn das Bezugswort vorangeht:

Die Jungen rannten das Ufer <u>entlang</u>. (Akkusativ)

Seinem Urteil <u>zufolge</u> hat er das Verfahren gewonnen. (Dativ)

– Dativ oder Genitiv, wenn das Bezugswort nachfolgt:

<u>Entlang</u> dem Ufer blitzen Lichter auf. (Dativ)

<u>Zufolge</u> seines Urteils hat er die besten Chancen. (Genitiv)

Einteilung der Präpositionen nach ihrer inhaltlichen Leistung

203 **(1) Lokale Präpositionen** kennzeichnen Verhältnisse im Raum:

ab, an, auf, aus, außerhalb, bei, bis, durch, entlang, fern, gegen, gegenüber, hinter, in, inmitten, jenseits, längs, nach, nahe, neben, nördlich, oberhalb, seitlich, über, um, unfern, unter, unweit, von, vor, zu, zwischen.

204 **(2) Temporale Präpositionen** kennzeichnen Verhältnisse der Zeit:

ab, an, auf, aus, außerhalb, bei, binnen, bis, für, gegen, in, innerhalb, mit, nach, seit, über, um, unter, von, vor, während, zu, zwischen.

(3) Modale Präpositionen kennzeichnen Verhältnisse der Art und Weise:
abzüglich, auf, aus, ausschließlich, außer, bei, bis, an, einschließlich, entgegen, für, gegen, gegenüber, in, mitsamt, nebst, ohne, statt, von, wider, zuzüglich.

205

(4) Kausale Präpositionen kennzeichnen Verhältnisse der Begründung:
angesichts, anlässlich, auf, aus, bei, bezüglich, dank, durch, für, gemäß, halber, infolge, laut, mangels, mittels, nach, seitens, trotz, über, um – willen, unbeschadet, ungeachtet, unter, vermöge, von, vor, wegen, zufolge, zwecks.

206

Einige Präpositionen können für unterschiedliche Leistungen eingesetzt werden; zum Beispiel:

207

aus:	lokal (Raum)	Bananen <u>aus</u> einer Kiste nehmen
	modal (Beschaffenheit)	eine Kiste <u>aus</u> Holzbrettern
	kausal (Grund)	eine Banane <u>aus</u> Langeweile essen
in:	lokal (Richtung)	<u>in</u> die Stadt fahren
	temporal (Zeit)	Er kommt <u>in</u> 20 Minuten.
	modal (Art und Weise)	Die Leute liefen <u>in</u> Panik aus dem Saal.

Präposition oder Adverb

208

Die Präposition ist vom gleichen Wort in der grammatischen Rolle eines Adverbs zu unterscheiden. Das Adverb charakterisiert das, was mit dem Beziehungswort bezeichnet ist (Wie beschaffen? Auf welche Art?); die Präposition stellt eine Beziehung her (Wir gingen ↔ Brücke).
Das Adverb kann auch weggelassen werden, die Präposition nicht.

Präposition	Adverb
Wir gingen <u>über</u> die Brücke.	Eine Brücke mit <u>über</u> dreißig Pfeilern.
Wir wanderten den Fluss <u>entlang</u>.	Wir wanderten am Fluss <u>entlang</u>.

Präposition oder Konjunktion

209

Die Präposition ist vom gleichen Wort in der grammatischen Rolle einer Konjunktion zu unterscheiden: bis, seit, während.

Präposition	Konjunktion
Wir fahren <u>bis</u> Osnabrück.	Wir fahren, <u>bis</u> wir Osnabrück erreicht haben.
Anika geht <u>seit</u> September zur Schule.	Anika ist viel ruhiger, <u>seit</u> sie zur Schule geht.

Die Präposition stellt eine Beziehung her (Wir fahren ↔ Osnabrück); die Konjunktion leitet einen Nebensatz ein (Wie lange fahren wir?).

3.10 Interjektion (Empfindungswort)

210

> Interjektionen drücken Empfindungen aus, stellen Ausrufe dar oder ahmen Laute und Geräusche nach. Sie sind in ihrer Form nicht veränderlich und gehören damit zu den Partikeln.
> In zahlreichen Fällen steht die Interjektion getrennt vom übrigen Satz. Als Satzwort bildet sie dann einen Kurzsatz. Interjektionen können auch weit gehend die grammatische Stelle anderer Wortarten übernehmen. Sie werden dann nicht als eigene Wortart angesehen.

Interjektionen: ach, oh, hey!, wau wau, platsch! ⇨ Kurzsatz 269

211 Je nach der Bedeutung unterscheidet man drei größere Gruppen von Interjektionen:
- Empfindungen ausdrücken: au, ah, oh, pfui, ach, ei, aha, ätsch, verflixt
- Ausruf: hey, hallo, dalli, kusch, husch, scht, pst, hau ruck, hü
- Laute nachahmen: muh, mäh, kikeriki, peng, tatü tata, ratsch, womm

212 Im eigentlichen Sinne stellen die Interjektionen keine Wortart dar; sie können jedoch in einen Satz integriert oder als Wortart gebraucht werden:
- Unabhängige Stellung: <u>Platsch!</u> Ins Wasser gefallen! <u>Oh,</u> wie schön!
  Platsch und *Oh* bilden hier als Satzwörter jeweils einen Kurzsatz.
- In den Satz integriert: Und dann fiel sie <u>platsch</u> ins Wasser!
  platsch wird wie ein Adverb gebraucht.
- Als Satzglied: Und dann fiel sie mit einem riesigen <u>Platsch</u> ins Wasser.
  Platsch wird wie ein Nomen gebraucht und steht an der grammatischen Stelle eines Adverbials (präpositionaler Ausdruck im Dativ Singular). ⇨ 5.5

Eine Interjektion kann je nach dem Kontext ganz unterschiedliche Gefühle ausdrücken:

213

<u>Ach</u>, wie schön! (Freude, Bewunderung)

<u>Ach</u>, wäre es doch schon morgen. (Verlangen, Wunschdenken)

<u>Ach</u>, du meine Güte! (Enttäuschung)

Eine Äußerung wie *„Ach, du bist's!"* kann – je nach der Intonation – freudige Überraschung oder Enttäuschung ausdrücken. Um die Bedeutung richtig zu erfassen, muss die gesamte Sprechsituation einbezogen und gedeutet werden.

Kommentarwörter

214

Ähnlichkeiten mit den Interjektionen, die Laute nachahmen, haben die so genannten Kommentarwörter: ächz, heul, jaul, krächz, mampf, würg.

Es handelt sich um verkürzte Verbformen (*ich ächze* → ächz), die häufig in Comics verwendet werden und Laute nachahmen bzw. die Befindlichkeit des Betroffenen zu erkennen geben.

4 Die Wortbildung

4.1 Wortzusammensetzung

215

> Zur Benennung neuer Produkte und Erfindungen werden immer wieder neue Bezeichnungen geprägt. Diesen Vorgang nennt man Wortbildung.
>
> Werden selbstständige Einzelwörter (ohne Flexionsendungen) zu einer Einheit verbunden, so spricht man von Wortzusammensetzung. Das letzte Wort der Zusammensetzung ist immer das Grundwort; die davor stehenden Wörter werden Bestimmungswörter genannt. Die Wortart und damit auch die grammatische Form des neuen Wortes richtet sich nach dem Grundwort. Das Bestimmungswort dient der begrifflichen Differenzierung.
>
> Zusammensetzungen heißen auch Komposita (Singular: das Kompositum).

Zusammensetzungen: <u>Wind</u> – <u>rad</u>, <u>Windrad</u> – <u>flügel</u>, <u>zusammen</u> – <u>binden</u>
B = Bestimmungswort   B   +   G   B + B   +   G   B   +   G
G = Grundwort

216

Viele Komposita sind nach dem Muster Nomen + Nomen gebildet. Die Bedeutung eines Kompositums ergibt sich nicht allein aus der Bedeutung seiner Teile; entscheidend ist auch das (logische) Verhältnis der zusammengesetzten Teile, wie es der Sprachgebrauch festgelegt hat.

zum	aus	für	mit
<u>Back</u>ofen	<u>Kachel</u>ofen	<u>Kohle</u>ofen	<u>Umluft</u>ofen
Ofen zum Backen	Ofen aus Kacheln	Ofen für Kohle	Ofen mit Umluft
(Nutzung)	(Material)	(Betriebsart)	(Ausstattung)

Das Grundwort kann ein Nomen, aber auch ein Adjektiv, ein Partizip oder ein Verb sein. **217**
Die Bedeutung der Komposita erkennt man genauer, wenn man sie grammatisch unter-
sucht.

Beispiel	Bestimmungswort	grammatische Umschreibung des Bestimmungswortes	Grundwort
Spielbeginn	Nomen	Beginn des Spiels (Genitivattribut)	Nomen
Spielfreude	Nomen	Freude am Spiel (Präpositionalgefüge)	
Matchball	Nomen	Ball, mit dem das Match gewonnen werden kann (Attributsatz)	
Spielkind	Verb	Kind, das spielt (Attributsatz)	
Kleinkind	Adjektiv	ein kleines Kind (Attribut)	
Gebrauchtwagen	Partizip	ein gebrauchter Wagen (Attribut)	
spielbereit	Nomen	jemand ist bereit zum Spiel (Präpositionalgefüge)	Adjektiv
spielmüde	Nomen	jemand ist des Spiels müde (Genitivattribut)	
spielfreudig	Verb	jemand, der freudig spielt (Attributsatz)	
blitzschnell	Nomen	schnell wie ein Blitz (Vergleich)	
zweckent-sprechend	Nomen	entsprechend dem Zweck (Dativobjekt)	Partizip
zusammen-binden	Adverb	jemand bindet etwas zusammen (Akkusativobjekt)	Verb
(sich) warm-spielen	Adjektiv	spielen, um warm zu werden (Infinitivsatz)	

Auch die Partikeln (die nicht flektierbaren Wortarten) können Zusammensetzungen sein: **218**
Adverbien: dahin, nachher, gegenüber, hinzu, obenan, immerhin, sofort
Konjunktionen: obwohl, sowohl (– als auch), insofern, nachdem, obschon
Präpositionen: außerhalb, inmitten, unterhalb, gegenüber, anstatt, infolge

4.2 Präfix und Suffix (Vorsilbe und Endung)

219

> Präfixe und Suffixe sind sprachliche Elemente, die nicht selbstständig im Satz stehen können. Präfixe können die Bedeutung eines Wortes in unterschiedlicher Weise verändern (modifizieren); Suffixe können die Wortart oder grammatische Eigenschaften (z. B. das Genus) anzeigen.

Präfixe   ver-, um-, ent-
Suffixe   -lich, -ig, -heit, -sam

220   Einige Präfixe haben eine modifizierende Grundbedeutung:

Präfix	Grundbedeutung	Beispiel
ver-, miss-	falsch, verkehrt, zunichte machen	Verderben, Versehen, Versuchung; versalzen, vergessen, verunglücken, sich verrechnen; Missgeschick, Missbildung; missdeuten, missverstehen
ent-	rückgängig machen, wegmachen	entwarnen, entschärfen, entblättern, entstören, entfernen, entfärben, entlaufen
ver-	a) fort, weg, an eine andere Stelle b) enden c) schließen d) bis zu einem Ende, zu einem anderen Zustand bringen	verschieben, verjagen, verlaufen, verbrennen, verreisen, verkennen; verblühen, vergehen, verglühen; vernageln, verriegeln, verkleben; verwandeln, verdursten, verrotten, verkommen, verenden
zer-	auseinander, entzwei	zerreißen, zerschneiden, zerstören, zerlegen, zersplittern, zerschlagen
er-	beginnen	erblühen, erklingen, erstrahlen, erglühen, ersinnen

Fremdsprachliche Präfixe

221

Auch fremdsprachliche Präfixe haben feste Bedeutungen (oft handelt es sich allerdings um selbstständige Wörter innerhalb der Fremdsprache, die lediglich im Deutschen, das sie übernommen hat, wie Präfixe behandelt werden):

Präfix	Grundbedeutung	Beispiel
anti-	gegen	Antiheld, Antikörperchen, Antithese; antibakteriell, antimagnetisch
de(s)-, dis-	ab, weg, herab, auseinander, zwischen	Detektiv, Detektor, Desinteresse, Desinfektion, Deformation; dezentralisieren, defekt, demolieren, disharmonisch
e-, ex-	aus, heraus, weg, ehemalig	Exweltmeister, Exkurs, Extrakt, Examen; exklusiv, extra
prä-	vor	Prädikat, Präfix, Präsident; prädikativ, prähistorisch
re-	zurück, wieder	Reaktor, Redakteurin, Reflex; reagieren, regenerieren, rekonstruieren
sub-	unter, unterhalb	Subkultur, Subdominante, Subjekt, Substantiv; subtrahieren, submarin

Grammatische Kennzeichnung durch Suffixe

222

Suffixe können Wortarten (und Genera) kennzeichnen:

Suffix	Wortart	Beispiel
-ich, -ig, -ling	Nomen, Maskulinum	Teppich, Rettich, Honig, König, Rohling, Sperling
-ei, -in, -heit, -keit, -schaft, -ung	Nomen, Femininum	Bücherei, Reederei, Verkäuferin, Gesundheit, Ehrlichkeit, Verwandtschaft, Nahrung, Erklärung, Verhandlung

Suffix	Wortart	Beispiel
-chen, -lein, -icht, -tel, -tum	Nomen, Neutrum	Bäumchen, Mädchen, Männlein, Dickicht, Röhricht, Drittel, Mittel, Eigentum, Heldentum <u>Ausnahmen</u>: der Reichtum, der Irrtum
-lich, -ig, -haft, -isch, -bar, -sam, -en, -ern,	Adjektiv (Adverb)	fröhlich, kindlich, frostig, hungrig, boshaft, kindisch, neidisch, haftbar, kleidsam, heilsam, golden, hölzern
-end	Verb/Partizip	laufend, singend

4.3 Ableitung

223

> Ableitungen nennt man Wörter, die aus einem selbstständigen Wort und einem nichtselbstständigen Präfix und/oder Suffix gebildet werden. Bei dieser Art der Wortbildung können auch mehrere selbstständige Wörter, Präfixe und/oder Suffixe beteiligt sein.
>
> In einigen Fällen begleitet eine Lautveränderung die Ableitung; sie darf jedoch nicht die Grundbedeutung des Wortstamms verändern. Zu den Ableitungen zählen auch Wörter unterschiedlicher Wortarten mit gleichem Wortstamm.

Ableitungen	
Mit Präfix	<u>ver</u>lieren, <u>zer</u>legen, <u>Un</u>glück
Mit Suffix	glück<u>lich</u>, Lehr<u>er</u>, Bieg<u>ung</u>
Präfix/Suffix	<u>Be</u>schreib<u>ung</u>, <u>Ver</u>legen<u>heit</u>, <u>un</u>kennt<u>lich</u>
Mit lautlichen Veränderungen	Krümmung (krumm), rötlich (rot)
Andere Wortarten mit gleichem Wortstamm	trinken, Trank, Tränke, trunken; (⇨ Wortfamilie 44)

Die Infinitivendung *-en* gilt nicht als Suffix.

Möglichkeiten der Ableitung innerhalb der gleichen Wortart **224**

Wortart	Beispiel
Nomen → Nomen	Musik – Musiker (Suffix) – Musikerin (Suffix) König – Königtum (Suffix) Haus – Gehäuse (Präfix, Umlaut, Suffix) Ton – Misston (Präfix) Bach – Bächlein Kosten – Unkosten
Verb → Verb	kaufen – verkaufen strecken – erstrecken heizen – beheizen lachen – lächeln
Adjektiv → Adjektiv	süß – süßlich alt – uralt lang – länglich faul – erzfaul

Möglichkeiten der Ableitung bei Wechsel der Wortart **225**

Verb → Nomen	bohren – Bohrer prüfen – Prüfer wirken – Wirkung – Prüfling schreien – Geschrei trinken – Trank/Trunk/Getränk
Adjektiv → Nomen	klug – Klugheit feig(e) – Feigling reich – Reichtum groß – Vergrößerung
Nomen → Verb	Filter – filtern Dampf – verdampfen Hammer – hämmern Angst – verängstigen
Adjektiv → Verb	blass – verblassen scharf (machen) – schärfen müde (werden) – ermüden
Nomen → Adjektiv	Bart – bärtig Zorn – zornig Neid – neidisch (jede) Stunde – stündlich Regel – unregelmäßig
Verb → Adjektiv	heilen – heilbar werfen – verwerflich trösten – untröstlich kommen – abkömmlich
Adverb → Adjektiv	heute – heutig dort – dortig

226 Bei längeren Ableitungen kann ein Stammbaum die Wortbildung veranschaulichen:

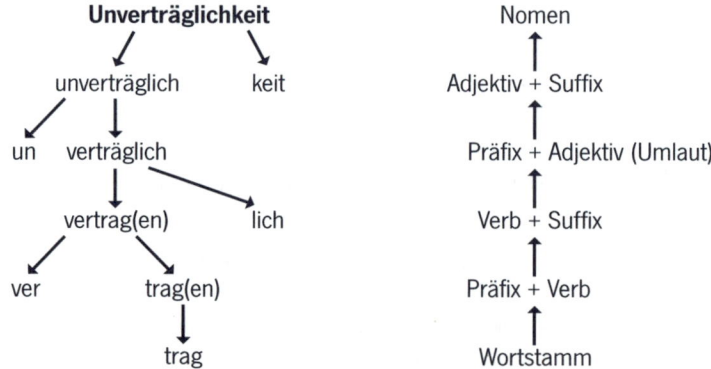

4.4 Verbzusatz

227

> Eine besondere Form der Wortbildung findet bei zusammengesetzten Verben statt. Der Verbzusatz ist ein selbstständiges Element im Satz, wenn er auch nicht als eigenes Satzglied zählt.
>
> Meist wird der Verbzusatz bei bestimmten Satzbildungen vom Verb getrennt. Verb und Verbzusatz bilden dann eine Art Klammer um andere Teile des Satzes, daher nennt man diese Besonderheit der deutschen Sprache auch verbale Klammer oder Satzklammer.
>
> Verbzusätze können die Bedeutung des Wortstamms in bestimmter Weise färben (modifizieren); sie übernehmen eine ähnliche Aufgabe wie Präfixe.

Verbstamm   -lauf-
Verbzusatz   weglaufen, hinlaufen, zusammenlaufen, auslaufen
Satzklammer ⇨ 245

228 **Verbzusatz und Präfix**

Der Verbzusatz muss vom Präfix als festem Bestandteil eines Verbs unterschieden werden; reine Präfixe können nicht vom Verb getrennt werden:

Verbzusatz   Passt auf, dass der kleine Jan nicht wegläuft.
Satzklammer   Aber er läuft jedes Mal weg, wenn wir nicht aufpassen.
Reines Präfix   Passt auf, dass ihr euch nicht verlauft.
Keine Satzklammer Aber wir verlaufen uns jedes Mal, wenn wir alleine wandern.

Trennbarer und nicht trennbarer Verbzusatz 229

Einige Verben sind jedoch fest mit ihrem Verbzusatz verbunden (wie bei der reinen Präfixbildung); in diesen Fällen ist der Verbzusatz nicht betont.

Kann der Verbzusatz abgetrennt werden, so ist er betont.

Verbzusatz unbetont (nicht trennbar)

hintergehen	Olaf hintergeht seinen Freund.
überbringen	Der Bote überbringt die Nachricht.
unterbinden	Niemand unterbindet den Lärm.
übersetzen	Sie übersetzt den englischen Text.

Verbzusatz betont (trennbar):

aufgeben	Jana gibt die Hoffnung nicht auf.
zuschütten	Die Arbeiter schütten den Graben zu.
hochheben	Der Linienrichter hebt die Fahne hoch.
übersetzen	Ein Fährmann setzt den Kahn über den Fluss.

Modifikation durch Verbzusatz 230

Verbzusätze können die Grundbedeutung des Wortstamms modifizieren; in einigen Fällen verändert sich die Grundbedeutung jedoch so sehr, dass die Zusammengehörigkeit nur noch schwer erkennbar ist:

Wortstamm:	*-geb-*
Modifikation:	abgeben, weggeben, hinzugeben, zurückgeben
Veränderung der Grundbedeutung:	umgeben, zugeben, aufgeben, (klein) beigeben, vorgeben

4.5 Wortartenwechsel

231

> Der Wechsel von einer Wortart in die andere kommt bei der Wortbildung (Zusammensetzung und Ableitung) häufig vor. Darüber hinaus können nahezu alle Wortarten die Rolle eines Nomens übernehmen; sie können dann z. B. als Subjekt (Satzgegenstand) auftreten.

Wortartenwechsel

groß – die Größe (Adjektiv – Nomen); malen – der Maler, die Malerei (Verb – Nomen); der Abend – abends (Nomen – Adverb)

Zusammensetzung ⇨ 4.1

Ableitung ⇨ 4.3; 225

232 **Nominalisierung**

Nahezu alle Wortarten können die Form und damit auch die grammatische Rolle eines Nomens übernehmen. Dieser Vorgang heißt Nominalisierung (Substantivierung).

Wortart	Beispiel	Nominalisierung
Verb		
Infinitiv	lachen, schreiben, laufen	Sein <u>Lachen</u> ist überall zu hören. Das <u>Schreiben</u> (Tätigkeit) fällt nicht schwer. Das <u>Schreiben</u> (Schriftstück) ist zu lang. Der <u>Lauf</u> der Dinge ist nicht aufzuhalten.
Partizip I	wartend, bittend, laufend	Die <u>Wartenden</u> werden ungeduldig. Er kommt als <u>Bittender</u>. Das <u>Laufende</u> muss erledigt werden.
Partizip II	gesandt, verwandt, geschrieben	Der <u>Gesandte</u> aus Amerika. Eine nahe <u>Verwandte</u> von ihm. Das <u>Geschriebene</u> war gut zu lesen.
Adjektiv	gut, frisch, alt	Das <u>Gute</u> an dieser Entscheidung wird offensichtlich. Die <u>Frische</u> der Ware überzeugt sie. Manche hängen sehr am <u>Alten</u>, wir aber lieben das <u>Neue</u>.

Wortart	Beispiel	Nominalisierung
Pronomen	du, nichts, sein(es)	Jemandem das <u>Du</u> anbieten. In meinen Augen ist er ein <u>Nichts</u>. Jeder soll das <u>Seine</u> dazu tun.
Numerale	zwei, drittel	Eine <u>Zwei</u> schreiben. Wir verreisen im letzten <u>Drittel</u> der Ferien.
Adverb	hin, her, warum	Dein ewiges <u>Hin</u> und <u>Her</u> geht mir auf die Nerven. Lass dieses dauernde <u>Warum</u>?!
Konjunktion	wenn, aber, entweder-oder	Ohne <u>Wenn</u> und <u>Aber</u> zustimmen. Mit deinem ständigen <u>Entweder-oder</u> kommen wir nicht weiter.
Präposition	abseits, jenseits, auf, ab	Der Spieler steht im <u>Abseits</u>. In vielen Religionen glaubt man an ein <u>Jenseits</u>. Das <u>Auf</u> und <u>Ab</u> des Lebens.
Interjektion	hurra, ach, weh, platsch	Mit lautem <u>Hurra</u>! Ich mag dein dauerndes <u>Ach</u> und <u>Weh</u> nicht mehr hören! Mit einem lauten <u>Platsch</u> fiel der Frosch in den Teich.

5 Die Satzglieder

233

Übersicht

Im Deutschen werden vier Arten von Satzgliedern* unterschieden: das Subjekt, das Prädikat, die Objekte und die Adverbiale (adverbiale Bestimmungen). Sie werden durch die Verschiebeprobe (auch Umstell- oder Satzgliedprobe genannt) bestimmt. Die nicht als Einheit verschiebbaren Teile sind Beifügungen und werden Attribute (Satzgliedteile) genannt.

Das Subjekt und die Objekte können durch charakteristische Fragewörter ersetzt werden. Das Prädikat ist nur indirekt durch einen solchen Fragesatz zu ermitteln.

1. Das Subjekt *(Wer oder was?)*	<u>Unser Flugzeug</u> landet um 10.30 Uhr.
	<u>Es</u> hat Verspätung.

2. Das Prädikat *(Was tut/In welchem Zustand befindet sich das Subjekt?)*	Unser Flugzeug <u>landet</u> um 10.30 Uhr.
	Es <u>hat</u> Verspätung.
Satzklammer	Es <u>wird</u> um 11.30 Uhr <u>landen</u>.
Finiter Prädikatsteil	wird
Infiniter Prädikatsteil	landen

3. Die Objekte

Genitivobjekt *(Wessen?)*	Der Pilot bedarf dringend <u>der Ruhe</u>.
Dativobjekt *(Wem?)*	Sie winken <u>ihren Freunden</u>.
Akkusativobjekt *(Wen oder was?)*	Der Reiseleiter begrüßt <u>die Gäste</u>.
Präpositionalobjekt *(Worauf?)*	Alle freuen sich <u>auf die Sommerferien</u>.

4. Die Adverbiale

Lokales Adverbial	Die Gäste kommen <u>aus München</u>.
Temporales Adverbial	Jan und Heike warten <u>seit einer Stunde</u>.
Modales Adverbial	Sie begrüßen ihre Freunde <u>herzlich</u>.
Kausales Adverbial	Die Maschine hat sich <u>wegen starken Nebels</u> verspätet.

---

* In einigen Grammatiken wird das Prädikat nicht zu den Satzgliedern gerechnet. Für die Praxis erscheint die Beibehaltung einer operationalen Abgrenzung von vier Satzgliedern jedoch sinnvoll. Das einfache Prädikat besteht aus der finiten Form des Verbs (der Personalform) im Satz; das mehrteilige Prädikat zusätzlich aus der infiniten Verbform (dem Infinitiv oder dem Partizip).

Das Attribut ist ein Teil eines Satzgliedes:

Die Attribute

Adjektivattribut	Es kamen <u>zahlreiche</u> Besucher.
Genitivattribut	Sie ist die Schwester <u>meiner Mutter</u>.
Präpositionales Attribut	Die Gäste <u>aus München</u> sind da.
Apposition	Julian, <u>ein Freund meines Bruders</u>, wird auch kommen.
Relativsatz (Attributsatz)	Wir möchten alle, <u>die zu unserer Feier gekommen sind</u>, herzlich begrüßen!

5.1 Satzgliedprobe

234

Satzglieder sind die relativ selbstständigen Grundeinheiten eines Satzes. Sie lassen sich mithilfe der Satzgliedprobe bestimmen: Jede Einheit im Satz, die sich als Ganzes an eine andere Stelle im Satz verschieben lässt, ohne dass dabei die Bedeutung des Satzes wesentlich verändert wird, ist ein Satzglied. Jedes Satzglied nimmt eine bestimmte Satzgliedstelle im Satzbauplan ein.

Satzgliedprobe (Verschiebeprobe):

Satzgliedstellen

1. Stelle	2. Stelle	3. Stelle	4. Stelle
Meine drei Freunde	fahren	in den Ferien	nach London.
Meine drei Freunde	fahren	nach London	in den Ferien.
In den Ferien	fahren	meine drei Freunde	nach London.
Nach London	fahren	meine drei Freunde	in den Ferien.

Wird das Prädikat (das flektierte Verb) verschoben, dann ändert sich die Satzart:

Fahren	meine drei Freunde	in den Ferien	nach London?

Satzglieder können aus einem Wort (*fahren*), aus mehreren Wörtern (*meine drei Freunde, in den Ferien*) oder aus einem ganzen Satz (Nebensatz) bestehen:

Meine drei Freunde	fahren,	<u>wenn die Ferien beginnen,</u>	nach London.
		(Nebensatz an der Stelle eines Satzglieds)	

Die Bedeutung des Satzes darf sich bei der Satzgliedprobe nicht wesentlich verändern.
Sie verändert sich dann, wenn man Teile von Satzgliedern verschiebt, z. B.:

| Meine Freundin | zeigt | mir | ihren <u>neuen</u> Anorak. |
| Meine <u>neue</u> Freundin | zeigt | mir | ihren Anorak. |

235 Ersatzprobe

Jede Einheit im Satz, die durch ein einzelnes Wort ersetzt werden kann, ist ein Satzglied.
(Ersatzprobe):

| Meine drei Freunde | fahren | in den Ferien | nach London. |
| Sie | fahren | dann | dorthin. |

236 Weglassprobe

Wörter oder Wortgruppen, die nur gemeinsam mit anderen Wörtern verschoben
werden können, heißen Attribute (Satzgliedteile). Attribute können meist weggelassen
werden (Weglassprobe):

| Meine (drei) Freunde | fahren | in den Ferien | nach London. |

Das Attribut *drei* ist weglassbar und kann nur mit seinem Bezugswort (*Freunde*)
gemeinsam verschoben werden, ohne dass die Bedeutung sich verändert oder der Satz
grammatisch unvollständig wird.

5.2 Subjekt (Satzgegenstand)

237

> Das Subjekt* ist das Satzglied, das mit der Frage *wer oder was?* erfragt
> werden kann. Es steht im Nominativ (1. Fall) und bezeichnet meistens den
> Handelnden oder Verursacher des im Satz ausgedrückten Geschehens.

Subjekt: Jens spielt Handball.

Wer (oder was) spielt Handball? – Jens = Subjekt

---

* In einigen Grammatiken wird nicht zwischen Subjekt und Ergänzungen unterschieden (Subjekt
= E 1 usw.). Es empfiehlt sich jedoch (aus didaktisch-methodischen Gründen) den Ausdruck *Subjekt*
beizubehalten bzw. stets mitzunennen. Dies erleichtert z. B. die Übertragbarkeit des Ausdrucks im
Fremdsprachenunterricht.

Formen des Subjekts

238

Die Subjektstelle im Satz kann durch einen Namen (*Jens*), aber auch durch andere Wörter, Wortgruppen oder durch einen ganzen Satz (Nebensatz) besetzt sein:

Subjektstelle *Wer (oder was)?*	
Jens	spielt Handball.
Er	spielt Handball.
Der Junge von nebenan	spielt Handball.
Wer Fußball nicht mag,	spielt Handball.

Das Subjekt im Aktiv- und im Passivsatz

239

Meist bezeichnet das Subjekt den Handelnden oder den Verursacher einer Handlung:

Herr Koch hat die Klassenfahrt gut vorbereitet.

Das grammatische Subjekt in dem Aktivsatz ist „Herr Koch"; es ist gleichzeitig logisches (oder natürliches) Subjekt, weil es den eigentlich Handelnden bzw. den Verursacher des Geschehens bezeichnet.

Dies ist jedoch nicht immer der Fall, wie z.B. im Passiv (⇨ 76):

Die Klassenfahrt ist (von Herrn Koch) gut vorbereitet worden.

Im Passivsatz erscheint das Akkusativobjekt des Aktivsatzes als grammatisches Subjekt „Die Klassenfahrt"; der oder die eigentlich Handelnde kann mit einem Präpositionalgefüge benannt oder ganz weggelassen werden. Dieses sprachliche Mittel kann dazu dienen, ausschließlich über ein Geschehen zu sprechen ohne den Täter zu nennen oder den Täter zu verschweigen:

Eine Wand an unserer Schule ist besprüht worden.

Subjekt und Gleichsetzungsnominativ

240

Außer dem Subjekt kann noch ein weiteres Satzglied im Nominativ stehen. Es kann nach den Verben *sein, werden, bleiben, (zu sein) scheinen* oder *heißen* folgen. Dieses Satzglied heißt Gleichsetzungsnominativ (Prädikatsnominativ/Prädikatsnomen/Prädikativ). ⇨ 247

Herr Koch ist unser Klassenlehrer.

Wer (oder was) ist unser Klassenlehrer? – Herr Koch (= Subjekt)

Wer (oder was) ist Herr Koch? – unser Klassenlehrer (= Prädikatsnominativ)

Sehr oft bezeichnet der Gleichsetzungsnominativ Merkmale oder Eigenschaften dessen, was mit dem Subjekt benannt ist.

241 **Das Subjekt beim Imperativ**

Aufforderungen im Imperativ (⇨ 71) richten sich an die 2. Person Singular (*du*) oder an die 2. Person Plural (*ihr*). Entsprechend wird die Imperativform des flektierten Verbs gebildet. Das Subjekt entfällt meistens. Nur bei besonderer Betonung oder in der Höflichkeitsform wird es gesondert genannt:

<table>
<tr><td>Geh ruhig ins Kino!</td><td>–</td><td>Geh <u>du</u> ruhig ins Kino!</td></tr>
<tr><td>Legt eure Mäntel hierher!</td><td>–</td><td>Legt <u>ihr</u> eure Mäntel hierher!</td></tr>
</table>

Höflichkeitsform:

Zeigen <u>Sie</u> bitte Ihre Eintrittskarten!

5.3 Prädikat (Satzaussage)

242

> Das Prädikat* ist das verbale Satzglied, mit dem man eine Handlung, einen Vorgang oder einen Zustand bezeichnet. Man kann meist danach fragen, was die Person oder Sache, die mit dem Subjekt bezeichnet wird, tut oder in welchem Zustand sie sich befindet. Das flektierte Verb, das die Personalform anzeigt, wird auch finite Form des Verbs oder finiter Prädikatsteil genannt. Die Benennung richtet sich danach, ob man die Wortarten (Verb) oder die Satzglieder (Prädikat) in einem Satz untersucht.
>
> flektiertes Verb
> ⇧
> Morgen <u>werde</u> ich die Arbeit erledigt haben.
>
> verbales Satzglied
>
> Zusammen mit dem Subjekt kann das Prädikat die einfachste Form des Aussagesatzes bilden. Beide stimmen in Person und Numerus überein (Kongruenz).

---

* Vgl. Anm. S. 106. Hinzuweisen ist außerdem auf die Tatsache, dass in einigen Grammatiken das Prädikat auch die (notwendigen) Satzergänzungen umfasst. Dies würde bedeuten, dass alles, was nicht Subjekt ist, Prädikat sein müsste. Es empfiehlt sich jedoch (unter didaktisch-methodischen Gesichtspunkten) an der Gliederung des Satzes in Subjekt, Prädikat, Objekte und Adverbiale festzuhalten. Will man das durch die (notwendigen) Satzergänzungen erweiterte Prädikat bezeichnen, so bietet sich ein Ausdruck wie *Prädikatsverband* (Duden-Grammatik) an.

Prädikate

Handlung (das Subjekt verhält sich aktiv)

Die Kinder <u>spielen</u>.

Vorgang (das Subjekt verändert sich oder seine Position)

Die Fensterscheibe <u>zerbricht</u>.

Zustand (das Subjekt verharrt, bleibt in Ruhelage)

Das Geld <u>liegt</u> auf dem Tisch.

Einfaches Prädikat **243**

Das einfache Prädikat besteht nur aus der flektierten Form des Verbs (der Personalform): Ich schlaf<u>e</u>. Du schläf<u>st</u>. Er schläf<u>t</u>. Sie schlaf<u>en</u>. ...

Übereinstimmung (Kongruenz) zwischen Subjekt und Prädikat

in der Person (1., 2., 3. Person): Ich schlaf<u>e</u>. – Du schläf<u>st</u>.

im Numerus (Singular, Plural): Ich schlaf<u>e</u>. – Wir schlaf<u>en</u>.

Das einfache Prädikat kommt bei den Zeitformen Präsens und Präteritum vor:

Der Unterricht <u>beginnt</u> um 8 Uhr. (Präsens)

Im vergangenen Jahr <u>begannen</u> die Ferien sehr früh. (Präteritum)

Formen des mehrteiligen Prädikats* **244**

– Das mehrteilige Prädikat kommt vor allem bei den zusammengesetzten Tempora vor:

⇨ 54ff.

Perfekt	Sie <u>haben gelesen</u>.
Plusquamperfekt	Sie <u>hatten gelesen</u>.
Futur I	Sie <u>werden lesen</u>.
Futur II	Sie <u>werden gelesen haben</u>.

---

* Die Abgrenzung des Prädikats als Satzglied ist in den wissenschaftlichen Grammatiken nicht einheitlich (vgl. auch Anm. S. 110). Eine enge Bestimmung lässt nur die finite Form des Verbs sowie (bei zusammengesetzten Tempora) die Verbindung mit den infiniten Teilen als Prädikat gelten. Der Infinitiv zählt bei den Zusammenfügungen von Modalverb und Infinitiv hiernach nicht zum Prädikat, da diese Zusammenfügungen keine Verbform begründen:

Er <u>hat</u> den Rasen <u>geschnitten</u>.
Er <u>wird</u> den Rasen <u>schneiden</u>.
Er <u>wollte</u> den Rasen schneiden.

In anderen Grammatiken wird die Zusammenfügung von Modalverb und Infinitiv sehr wohl als zusammengesetztes Prädikat bezeichnet. Dieser Auffassung folgt auch die vorliegende „Grammatik für den Deutschunterricht". Darüber hinaus finden sich weitere Formen für das zusammengesetzte Prädikat:

finite Form des Verbs + Infinitiv: Ich <u>hörte</u> jemanden den Rasen <u>mähen</u>.

finite Form des Verbs + Partizip: Er <u>kam schwitzend</u> ins Haus.

Da diese und ähnliche Fälle relativ selten vorkommen (und nicht unumstritten sind), werden sie hier nicht einbezogen.

– Als mehrteilig gelten auch die Prädikate bei der Zusammenfügung von Modalverb
(⇨ 72) und Infinitiv oder von modifizierendem Verb (⇨ 73) und zu-Infinitiv:

Modalverb	Sie <u>sollen lesen</u>.
Modifizierendes Verb	Sie <u>scheinen zu lesen</u>.

– Der Verbzusatz (⇨ 4.4) zählt, auch wenn er abgetrennt ist, zum Prädikat:

Sorge dafür, dass Anna ihr Zimmer <u>aufräumt</u>.

Anna <u>räumt</u> ihr Zimmer schon <u>auf</u>.

– Die flektierte Form des Verbs bildet den finiten Teil des Prädikats, die übrigen Formen
bilden den infiniten Teil.

Infinite Teile können sein:

das Partizip II	Die Kinder haben <u>gebastelt</u>.
der reine Infinitiv	Julia wird um 12 Uhr <u>kommen</u>.
	Wir lassen uns gern <u>helfen</u>.
der Infinitiv mit *zu*	Wir haben noch <u>zu arbeiten</u>.

– Das Reflexivpronomen *sich* zählt zum Prädikat, wenn es nicht durch ein Nomen
ersetzt werden kann:

Benni <u>freut sich</u> auf seinen Geburtstag.

Aber:	Er <u>wäscht</u> sich (seinem kleinen Bruder) die Hände.
(⇨ 129)	

245 Satzklammer

Bei mehrteiligen Prädikaten können andere Satzglieder zwischen den finiten und infiniten Teil des Prädikats treten. Man spricht dann von der verbalen Klammer oder
Satzklammer, die für den deutschen Satzbau typisch ist.

Der Unterricht	hat	um 8 Uhr	begonnen.
	(flekt. Form)		(nicht flekt. Form)
	Personalform		Partizip II
	= finiter Teil des		= infiniter Teil des
	Prädikats		Prädikats

Satzklammer

Die verbale Klammer tritt auch bei Verbzusätzen auf. ⇨ 228

Der Bus <u>fährt</u> um 18 Uhr <u>ab</u>. – abfahren

Die Polizei <u>weist</u> darauf <u>hin</u>. – hinweisen

Bestimmung der Form des Prädikats

246

Die Verbform wird durch fünf grammatische Größen bestimmt: ⇨ 79

Person		1., 2., 3. Person
Numerus:	grammatische Zahl	Singular, Plural
Tempus:	grammatische Zeit	Präsens, Perfekt, Präteritum, Plusquamperfekt, Futur I und Futur II
Modus:	Aussageweise des Verbs	Indikativ, Konjunktiv (I und II), Imperativ
Genus verbi:	Handlungsform des Verbs	Aktiv, Passiv

Wenn man die Form des Prädikats bestimmen will, dann muss man alle fünf grammatischen Größen angeben.

Beispiel	Person	Numerus	Tempus	Modus	Handlungsform
Der Sturm <u>tobt</u>.	3. P.	Sing.	Präs.	Ind.	Aktiv
Wir <u>werden kommen</u>.	1. P.	Pl.	Fut. I	Ind.	Aktiv
Wenn sie doch nur <u>anriefe</u>!	3. P.	Sing.	Prät.	Konj.	Aktiv
Die Fenster <u>waren geschlossen worden</u>.	3. P.	Pl.	Plqu.	Ind.	Passiv
(Heiko sagte,) er <u>sei</u> lieber zu Hause <u>geblieben</u>.	1. P.	Sing.	Perf.	Konj.	Aktiv

Prädikativ (Gleichsetzungsgröße)

247

Nach den Verben *sein, werden, bleiben, heißen, erscheinen* kann ein Prädikativ stehen. Im Satz werden bestimmte Aspekte der Bedeutung von Subjekt und Prädikativ gleichgesetzt.* Das Prädikativ (auch Prädikativum/Prädikatsnomen genannt) kann sein:

ein Nomen (Prädikatsnominativ/Gleichsetzungsnominativ)	Frank bleibt <u>mein Feund</u>.
ein Adjektiv (Prädikatsadjektiv)	Frank ist <u>hilfsbereit</u>.
ein Vergleich	Frank ist <u>wie seine große Schwester</u>.

---

* Wird das Prädikativ operational bestimmt, so gilt es als Satzglied: Ergänzung im Nominativ, modales Adverbial. In diesem Zusammenhang gelten die Verben *sein, werden, bleiben* usw. als zweiwertig (⇨ 248). Von der Aussage des Satzes her (semantisch) wird das Prädikativ als Teil des Prädikats (im Prädikatsverband) angesehen.

| ein Nebensatz (Prädikativsatz) ⇨ 332 | Frank ist, <u>was man einen guten Freund nennen kann</u>. |
| prädikativ kann auch ein Adverb stehen | Frank ist <u>hier</u>. |

248 Valenz (Wertigkeit) und Satzbauplan

Verben haben unterschiedliche Valenz. Je nach seiner Valenz bestimmt das flektierte Verb im Satz außer dem Subjekt die Anzahl und die Art der Satzglieder, die für die Bildung eines grammatisch vollständigen Satzes notwendig sind. Die sich ergebenden Pläne für die Bildung von grammatischen Sätzen heißen Satzbaupläne (Satzmuster o. ä.). ⇨ 271

Verb (Infinitiv)	Valenz (Wertigkeit)	Beispielsatz (Personalform)	Satzbauplan
blühen	einwertig	Der Flieder blüht.	S + P
lieben	zweiwertig	Anna liebt die Mathematik.	S + P + E4
folgen	zweiwertig	Der Detektiv folgt der Spur.	S + P + E3
bedürfen	zweiwertig	Haustiere bedürfen der ständigen Pflege.	S + P + E2
denken an	zweiwertig	Vincent denkt an seine Feier.	S + P + E P
dauern	zweiwertig	Der Film dauert drei Stunden.	S + P + E Zeit
überführen	dreiwertig	Der Staatsanwalt überführt den Angeklagten einer Lüge.	S + P + E4 + E2
glauben	dreiwertig	Ich glaube dir kein Wort.	S + P + E3 + E4

S = Subjekt; P = Prädikat; E2 = Ergänzung im 2. Fall (Genitivobjekt); E3 = Ergänzung im 3. Fall (Dativobjekt); E4 = Ergänzung im 4. Fall (Akkusativobjekt); E P = Ergänzung mit Präposition (Präpositionalobjekt); E Zeit = Zeitergänzung (Umstandsergänzung)

249 Stellung des finiten Prädikatsteils im Satz

Die Art eines Satzes wird durch die Stellung des finiten Prädikatsteils bestimmt. Im Aussagesatz steht der finite Prädikatsteil immer an der zweiten Satzgliedstelle. Dies ist ein typisches Merkmal für den deutschen Satzbau.

(Ein weiteres typisches Merkmal ist die Satzklammer. ⇨ 245)

1. Stelle	2. Stelle	3. Stelle	4. Stelle
Wir	gehen	heute Abend	ins Kino.

Tritt ein anderes Satzglied an die erste Stelle, muss das Subjekt diese Stelle räumen, so dass das Prädikat an der zweiten Stelle bleiben kann. Das Subjekt wird dann an die 3. Stelle gesetzt:

Heute Abend	gehen	wir	ins Kino.

Zu den Satzarten: ⇨ 6.2 bis 6.4; zu Haupt- und Nebensatz: ⇨ 7.1

5.4 Objekt (Satzergänzung)

250

> Objekte sind Ergänzungen zum Prädikat.* Die Valenz (Wertigkeit) des flektierten Verbs bestimmt Art und Anzahl der Ergänzungen, die für die Bildung grammatisch vollständiger Sätze notwendig sind.
> Die Objekte werden nach dem Kasus der Nomen oder nach der Art, wie sie gebildet sind, unterschieden und eingeteilt.

Objekte
Genitivobjekt (Ergänzung im 2. Fall): Man fragt *wessen?*
        Ein Läufer ist <u>des Dopings</u> beschuldigt. *Wessen ist er beschuldigt?*
Dativobjekt (Ergänzung im 3. Fall): Man fragt *wem?*
        Der Trainer dankt <u>der Mannschaft</u>. *Wem dankt er?*
Akkusativobjekt (Ergänzung im 4. Fall): Man fragt *wen oder was?*
        Der Torwart hält <u>den Elfmeter</u>. *(Wen oder) was hält der Torwart?*
Präpositionalobjekt (Ergänzung mit Präposition): Man fragt mit der *Präposition.*
        Die Sportsegler warten <u>auf Wind</u>. *Worauf warten sie?*

251

Genitivobjekt
Das Genitivobjekt (Ergänzung im 2. Fall) steht nach Verben wie: *bedürfen, begehren, entbehren, ermangeln, gedenken, harren, pflegen, spotten, walten.*

---

* Vgl. Anm. S. 110

Der Kranke entbehrt der Ruhe. | *Wessen* entbehrt er? – der Ruhe
Die Gegner spotten seines misslungenen Versuchs. | *Wessen* spotten sie? – seines misslungenen Versuchs

Das Genitivobjekt klingt veraltet und kommt meist nur noch in Redewendungen oder förmlicher Rede vor:

Das spottet jeglicher Beschreibung!

Im Allgemeinen wird das Genitivobjekt durch andere Arten der Ergänzung ersetzt:

Der Kranke entbehrt die Ruhe. (Akkusativobjekt)

Die Gegner spotten über seinen misslungenen Versuch. (Präpositionalobjekt)

252 Dativobjekt

Das Dativobjekt (Ergänzung im 3. Fall) steht nach Verben wie: *ähneln, antworten, begegnen, befehlen, danken, drohen, entfliehen, folgen, gefallen, gehorchen, gehören, glauben, gleichen, helfen, nützen, raten, schaden, weichen.*

Anke begegnet ihrer Freundin. | *Wem* begegnet sie? – ihrer Freundin
Das Buch gehört mir. | *Wem* gehört es? – mir

253 Akkusativobjekt

Das Akkusativobjekt (Ergänzung im 4. Fall) steht nach Verben wie: *beißen, bekommen, beneiden, benutzen, bestrafen, bewundern, ehren, empfangen, erwarten, fangen, füllen, fühlen, leiten, lieben, loben, kennen, prüfen, retten, schlagen, senken, stoßen, suchen, verachten, verdienen, werfen, zerstören.*

Anke bewundert ihre Freundin. | *Wen (oder was)* bewundert sie? – ihre Freundin

Marco liebt den Sport. | *(Wen oder) was* liebt er? – den Sport

Verben, die ein Akkusativobjekt verlangen, heißen transitive (zielende) Verben (im Gegensatz zu den anderen, den intransitiven Verben). Die transitiven Verben können ein vollständiges (persönliches) Passiv bilden: ⇨ 76

Die Freundin wird von Anke bewundert.

254 Direktes und indirektes Objekt

Das Akkusativobjekt wird auch direktes Objekt genannt. Treffen direktes und indirektes Objekt zusammen, dann kann oft das indirekte Objekt weggelassen werden.

Der Kellner bringt (uns) drei Limonaden.

Der Schiedsrichter zeigt (dem Spieler) die rote Karte.

Präpositionalobjekt   **255**

Das Präpositionalobjekt (Ergänzung mit Präposition) ist dadurch gekennzeichnet, dass die zugehörige Präposition eng mit dem Verb, dem finiten Prädikatsteil, verbunden ist.* Das Präpositionalobjekt wird mit der zugehörigen Präposition erfragt. Es steht nach Verben wie: *achten auf, sich besinnen auf, denken an, sich erinnern an, forschen nach, fragen nach, sich fürchten vor, glauben an, hoffen auf, klagen über, sich kümmern um, lachen über, streben nach, warten auf (jemand/etwas).*

Die Kinder achten auf den Verkehr.	*Auf was (Worauf)* achten die Kinder? – auf den Verkehr
Alle denken an die Klassenfeier.	*An was (Woran)* denken alle? – an die Klassenfeier

Der Unterschied zu anderen Präpositionalgefügen besteht darin, dass etwa beim Adverbial (⇨ 5.5) die Präposition nicht fest mit dem Verb verbunden ist und durch andere Präpositionen ausgetauscht werden kann, ohne dass sich die Bedeutung des Verbs verändert:

Wir stehen	auf der Brücke.	= Adverbial (adverbiale Bestimmung des Ortes)
	unter der Brücke.	
	neben der Brücke.	Frage: Wo stehen wir? (Man fragt mit dem Frageadverb.)
Wir warten	auf die Straßenbahn.	= Präpositionalobjekt Frage: Worauf (Auf wen oder was) warten wir? (Man fragt mit der Präposition.)

Stellung der Objekte im Satz   **256**

Die Stellung der Objekte im Satzbauplan ist geregelt:

– Dativ- und Akkusativobjekt

Wenn beide Objekte Nomen sind, steht der Dativ vor dem Akkusativ:

Wir schenken Christa eine CD.

---

* Die Abgrenzung zwischen Präpositionalobjekt und Adverbial (mit Präposition) wird nicht in allen Grammatiken strikt vorgenommen; beide gehören dann zur Sammelklasse der *Präpositionalgefüge*.

Pronomen steht vor Nomen:

Wir schenken <u>ihr</u> eine CD.

Wir schenken <u>sie</u> Christa.

Wenn beide Objekte Pronomen sind, steht der Akkusativ vor dem Dativ:

Wir schenken <u>sie</u> <u>ihr</u>.

– Weitere Objekte treten an den Schluss:

Berti fragt seinen Freund nach den Mathematikaufgaben.

Er hindert ihn an der Arbeit.

Er verhilft ihm zu einer guten Mathematikarbeit.

– Steht ein Objekt am Satzanfang, so rückt das Subjekt hinter den finiten Prädikatsteil (das flektierte Verb). Diese Konstruktion heißt auch **Inversion**:

	finiter Teil des Prädikats			infiniter Teil des Prädikats
Christa	schenken	wir	eine CD.	
Eine CD	schenken	wir	Christa.	
Eine CD	werden	wir	ihr	schenken.

Satzklammer (verbale Klammer)

5.5 Adverbial (Umstandsbestimmung)

257

> Adverbiale sind Satzglieder, mit denen man Ort, Zeit, Art und Weise, Grund usw. eines Ereignisses näher bestimmen kann. Werden sie von der Valenz (Wertigkeit) des Verbs zur Bildung eines grammatisch vollständigen Satzes gefordert, so heißen sie Adverbialergänzungen; die nicht notwendigen Adverbiale heißen Adverbialangaben.
>
> Adverbiale können sehr unterschiedliche Formen haben.

Adverbiale	
Reines Adverb	Es schneit <u>heute</u>. <u>Dort</u> steht ein Schneemann.
Adjektivadverb	Er zeichnet <u>schön</u>. Es schneit <u>heftig</u>.
Pronominaladverb	(Hier ist der Stapel.) Leg das Buch <u>darauf</u>!
Präpositionalgefüge	Leg das Buch <u>auf den Stapel</u>!
Nomen im Genitiv	<u>Eines Abends</u> kam Onkel Bernhard zu Besuch.

Nomen im Akkusativ   Ein ganzes Jahr blieb er bei uns.

Nebensatz   Ich folge dir, wohin du willst. (Adverbialsatz)

Adverbialergänzung und Adverbialangabe   **258**

Eine Reihe von Verben erfordert ein Adverbial zur Bildung grammatisch vollständiger Sätze; in solchen Fällen handelt es sich um Adverbialergänzungen:

Unser Auto befindet sich in der Werkstatt.

Wir wohnen in Bremen.

Der Unfall ereignete sich an der Brücke.

Ein Reh war über die Fahrbahn gelaufen.

Der Unterricht dauert bis zur fünften Stunde.

Einige Schüler benehmen sich schrecklich.

Dieser dumme Streich geschah aus Langeweile.

Kann das Adverbial weggelassen werden, ohne dass der Satz grammatisch unvollständig wird, so handelt es sich um eine Adverbialangabe: ⇨ 6.5

Unser Auto wird (in der Werkstatt) repariert.

Wir haben ein Haus (in Bremen).

Adverbiale können mit *wo, woher, wann, wie lange, wie, warum* usw. (⇨ 259) erfragt werden.

Untergruppen des Adverbials   **259**

Man teilt Adverbiale nach dem Umstand ein, den sie näher bestimmen:

Umstands-bezeichnung	Art des Adverbials	Frage nach den näheren Umständen	Beispiel
Ort	lokales Adverbial	*wo?, woher?, wohin?*	Die Jugendfreizeit findet an der Riviera statt. Dahin will ich auch fahren.
Zeit	temporales Adverbial	*wann?, wie lange?, seit wann?*	Wir treffen uns um 9 Uhr. Die Sonne scheint von morgens bis abends.
Art und Weise	modales Adverbial	*wie?, wie sehr?, wie viel?*	Heute regnete es ununterbrochen. Die Besichtigung kostet 10 Mark.

Umstands-bezeichnung	Art des Adverbials	Frage nach den näheren Umständen	Beispiel
Grund	kausales Adverbial	warum?, weshalb?	Einige Besucher gähnten vor Langeweile. Viele blieben wegen der überhöhten Preise weg.
Zweck	finales Adverbial	wozu?	Die Passagiere mussten zur Kontrolle die Koffer öffnen. Jens brachte seinen Anzug zum Reinigen.
Bedingung	konditionales Adverbial	unter welcher Bedingung?	Bei Regen fällt die Bergtour aus. Dieser Ausgang darf nur im Notfall benutzt werden.
Einräumung	konzessives Adverbial	trotz wessen?	Sie gingen ungeachtet der Wettervorhersage ins Gebirge. Selbst bei größter Anstrengung war es nicht zu schaffen.
Folge	konsekutives Adverbial	mit welcher Folge?	Schon bald wendete sich das Wetter zum Besseren. Die Segler kreuzten bis zur Erschöpfung gegen den Wind.
Mittel	instrumentales Adverbial	womit?, wodurch?	Ulli konnte uns mit seinem Spezialwissen helfen. Den Splitter kann man nur mit einer Pinzette herausziehen.

260 Präpositionales Gefüge

Adverbiale können präpositionale Gefüge sein. Sie unterscheiden sich von den Präpositionalobjekten (⇨ 255) dadurch, dass die Präposition nicht sehr eng zum Verb gehört und durch andere Präpositionen ersetzt werden kann, ohne dass sich die Bedeutung des Verbs ändert:

Das Buch liegt auf / unter / in / neben / vor dem Regal.

Satzgliedreihe   **261**

Satzglieder können nebengeordnet in einer Reihe stehen; das Komma wird wie bei
der Aufzählung einzelner Wörter (⇨ 185) gesetzt:

Satzgliedreihe

– mehrere Subjekte: <u>Astrid, Murat</u> und <u>die anderen Kinder aus der Nachbarschaft</u>
  wollen einen Spielclub gründen.

– mehrere Prädikate: Die Kinder <u>spielen</u> Brettspiele, <u>fahren</u> Skateboard, <u>hören</u> Musik
  oder <u>organisieren</u> ein Computernetzwerk.

– mehrere Objekte: Heiko mag nur <u>Schach</u>, <u>Skat</u> oder <u>Computerspiele</u>. Silke spielt
  weder <u>mit Astrid</u> noch <u>mit den Nachbarskindern</u>.

– mehrere Prädikat-/Objektverbindungen bei nur einem Subjekt:
  Die Eltern <u>dekorieren die Räume für das Schulfest</u>, <u>besorgen Getränke</u> und <u>helfen</u>
  <u>beim Aufräumen</u>.

5.6 Attribut (Satzgliedteil)

> Attribute sind Beifügungen, genauere Bestimmungen zu einem Bezugswort,   **262**
> meist einem Nomen. Attribute sind keine selbstständigen Satzglieder, denn
> sie können nicht frei im Satz verschoben werden, sondern nur im Zusammen-
> hang mit ihrem Bezugswort.
> Attribute lassen sich nach ihrer Form unterscheiden.

Attribute

Attributives Adjektiv	ein <u>leichtes</u> Sportrad
Partizip	ein <u>zerbeulter</u> Helm; <u>leuchtende</u> Rückstrahler
Begleiter (außer Artikel)	<u>dein</u> Fahrrad; <u>dieser</u> Helm
Attributives Adverb	Das <u>besonders</u> stabile Rad läuft <u>sehr</u> leicht.
Präpositionales Attribut	ein Rad <u>mit Alufelgen</u>
Genitivattribut	das Rad <u>meiner Schwester</u>
Apposition	Dieses Rad, <u>ein Leichtmetallrad</u>, gibt es zum Sonderpreis!
Nebensatz (Relativsatz als Attributsatz)	Das Fahrrad, <u>das nicht abgeschlossen war</u>, ist gestohlen worden.

263 **Ermittlung des Attributs als Satzgliedteil**

Attribute lassen sich durch Verschiebe- und Weglassprobe ermitteln.

Der kleine Junge fährt schon ein Rad mit 24 Gängen.

Verschiebeprobe:

Ein Rad mit 24 Gängen | fährt | der kleine Junge | schon.

→ 4 Satzglieder

Weglassprobe:

Der [...] Junge | fährt | schon | ein Rad [...].

→ 2 Attribute: [kleine] und [mit 24 Gängen]

Einige Attribute können nach oder vor ihrem Bezugswort stehen; sie können aber nicht frei verschoben werden:

Der Junge <u>von nebenan</u> ...   <u>Von nebenan</u> der Junge ...

Das Rad <u>meiner Schwester</u> ...   <u>Meiner Schwester</u> Rad ...

264 **Stellung des Attributs zum Bezugswort**

Attribute können unterschiedliche Bezugswörter haben:

Bezugswort	Art des Attributs	Beispiel
Nomen	attributives Adjektiv	ein <u>dicker</u> Baum
	andere Begleiter (außer dem Artikel)	<u>dieser</u> Baum, <u>unser</u> Baum, <u>viele</u> Bäume
	attributives Adverb	der Baum <u>dort</u>
	attributives Partizip I	die <u>ausladende</u> Baumkrone
	attributives Partizip II	der <u>abgebrochene</u> Ast
	der Infinitiv mit „zu" als Attribut	die Kraft <u>zu wachsen</u>
	der Name als Kennzeichnung	ein <u>Japan</u>-Ahorn
	präpositionales Attribut	der Baum <u>aus unserem Garten</u>
	Genitivattribut	der Baum <u>unseres Nachbarn</u>
	Apposition	der Baum, <u>eine Rotbuche</u>, ...
	Nebensatz (Attributsatz)	der Baum, <u>der unserem Nachbarn gehört</u>, ...

Bezugswort	Art des Attributs	Beispiel
Pronomen	attributives Adverb Numerale präpositionales Attribut	dieser <u>hier</u> jeder <u>Einzelne</u> keiner <u>von diesen Bäumen</u>
Numerale	attributives Adverb präpositionales Attribut Genitivattribut	viele <u>dort</u> je zwei <u>in der Reihe</u> ein Drittel <u>des Kreises</u>
Adjektiv	attributives Adverb attributives Adjektiv attributives Partizip I attributives Partizip II	ein <u>sehr</u> dicker Baum ein <u>gewaltig</u> dicker Baum er ist <u>erschreckend</u> hoch er ist <u>ausgesprochen</u> schön
Adverb	attributives Adjektiv attributives Adverb präpositionales Attribut	<u>hoch</u> oben <u>schon</u> gestern oben <u>auf dem Baum</u>
Partizip I	attributives Adjektiv attributives Adverb Partizip I	eine <u>weit</u> ausladende Krone ein <u>besonders</u> verwilderter Garten ein <u>überraschend</u> schönes Gartenhaus
Partizip II	attributives Adjektiv attributives Adverb Partizip II	ein <u>tief</u> eingeschnittener Ast ein <u>fast</u> abgeknickter Zweig sie ist <u>leuchtend</u> aufgeblüht

Attribute mit unterschiedlichem Abhängigkeitsgrad

265

Attribute können selbst wieder durch Attribute näher bestimmt werden; man spricht dann auch von Attributen 1., 2. oder 3. Grades.

Jessika sucht ein gut bebildertes Buch über die griechische Kunst.

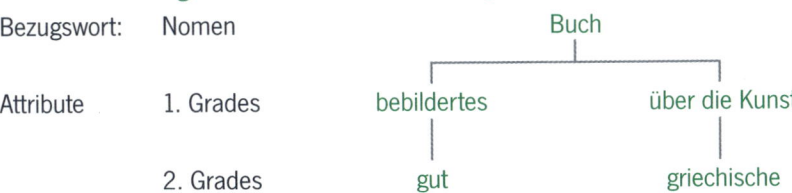

Bezugswort:	Nomen		Buch	
Attribute	1. Grades	bebildertes		über die Kunst
	2. Grades	gut		griechische

266 **Attributreihe**

Attribute können nebengeordnet in einer Reihe stehen. Das Komma wird wie bei der Aufzählung einzelner Wörter gesetzt. Ist ein Attribut jedoch eng mit seinem Bezugswort verbunden, so wird es von einem anderen nicht durch Komma getrennt. Zur Probe gilt: nur wenn *und* oder *oder* stehen kann, wird ein Komma gesetzt.

Attributreihe:

> Sie verabredeten sich in einem <u>kleinen</u>, <u>gemütlichen</u> Eiscafé.

> Möchtest du Eis <u>mit Sahne</u> oder <u>mit Früchten</u> oder <u>mit beidem</u>?

Attributreihe, bei der *und* oder *oder* nicht möglich ist:

> Im Schaufenster sahen sie eine <u>winzige elektrische</u> Eisenbahn.

Zum Gebrauch mehrerer nebengeordneter attributiver Adjektive ⇨ 110f.

6 Die Satzarten

267

Übersicht

Sätze sind sprachliche Einheiten, mit denen man Gedanken, Meinungen oder Gefühle ausdrücken kann. Im sprachlichen Zusammenhang ist ein Satz relativ selbstständig.

Fast alle Sätze haben ein Subjekt (⇨ 237) und ein Prädikat (⇨ 242) als ihren Kern, können aber auch noch weitere Satzglieder und Satzgliedteile (Attribute) enthalten. Die Einteilung der Sätze in Untergruppen kann auf unterschiedliche Weise erfolgen, je nachdem welche Eigenschaften man in den Vordergrund stellt. Weil es dabei zu Überschneidungen kommt, ist es wichtig immer anzugeben, unter welchen Gesichtspunkten man einen Satz betrachten will. Zur Verdeutlichung dieses Sachverhalts ⇨ 339f.

(1) Einteilung der Sätze nach der grammatischen Vollständigkeit und Komplexität:
  – Satzellipse und Kurzsatz
  – Einfacher Satz
  – Erweiterter Satz
  – Komplexer Satz: Satzreihe } Satzperiode
          Satzgefüge }

(2) Einteilung der Sätze nach ihrer Struktur und nach der Stellung des finiten Prädikatsteils (der flektierten Form des Verbs):
  – Hauptsatz: Aussagesatz
          Fragesatz: Ergänzungsfrage
                  Entscheidungsfrage
          Aufforderungssatz
  – Nebensatz
  – Nebensatzwertige Konstruktionen: Infinitivgruppe
                  Partizipialgruppe

(3) Einteilung der Nebensätze nach ihrem Einleitungswort
  – Uneingeleiteter Nebensatz
  – Eingeleiteter Nebensatz: Konjunktionalsatz
                  Relativsatz

(4) Einteilung der Nebensätze nach ihrer grammatischen Stellung im Satzgefüge:

– Gliedsatz: Subjektsatz

            Objektsatz

            Adverbialsatz

– Attributsatz

(5) Einteilung der Adverbialsätze nach ihrer inhaltlichen Leistung: Lokalsatz, Temporalsatz, Modalsatz, Finalsatz, Konditionalsatz, Konzessivsatz, Konsekutivsatz, Instrumentalsatz, ...

⇨ 268 – 338

6.1 Satzellipse und einfacher Satz

268

Satzellipsen sind grammatisch unvollständige Sätze. Bei ihnen lassen sich die fehlenden Teile leicht aus dem Textzusammenhang oder der Sprechsituation ergänzen.

Der einfache Satz besteht nur aus den grammatisch notwendigen Satzgliedern; mindestens aus Subjekt und Prädikat.

Ein grammatisch vollständiger Satz enthält alle notwendigen Satzglieder.

Satzellipse: (im CD-Laden) Wie teuer? – Dreißig Mark.

Einfacher Satz: Wie teuer ist diese CD? – Sie kostet dreißig Mark.

269 **Satzellipse und Kurzsatz**

Auch beim Kurzsatz fehlen einige grammatisch notwendige Teile; sie lassen sich jedoch nicht – wie bei der Satzellipse – ohne weiteres ergänzen. Die Übergänge zwischen Kurzsatz und Satzellipse sind allerdings fließend. Kurzsätze kommen häufig als Überschriften oder Titel von Filmen, Büchern u. a. vor; sie ergeben nur im Zusammenhang des Films oder Buches oder der Sprechsituation einen Sinn. Auch Interjektionen gelten als Kurzsätze. ⇨ 210

Kurzsatz:	Der Tiger von Eschnapur	Los!	Hui!
	Der Clou	Aber, aber.	Heda!
	Alles oder nichts	Warum nicht?	
Satzellipse:	Einmal *Die Zeit*, bitte. = Geben Sie mir einmal die Zeitung *Die Zeit*, bitte.		

Herein!   =   Komm/Kommt herein!
Alles klar? =   Ist alles klar?

Satzellipsen kommen fast nur in der gesprochenen Sprache vor. Man sagt, es sind *kommunikativ brauchbare Sätze*, auch wenn sie nicht grammatisch vollständig sind.

Einfacher Satz

270

Der einfache Satz ist grammatisch vollständig. Er enthält alle vom Verb (dem finiten Prädikatsteil) geforderten Satzglieder, mindestens Subjekt und Prädikat. Durch die Valenz des Verbs werden Anzahl und Art der notwendigen Ergänzungen festgelegt.* So ergeben sich unterschiedliche Satzbaupläne für den einfachen Satz: ⇨ 248

Satzbauplan

271

Im Satzbauplan werden die grammatisch notwendigen Stellen eines Satzes festgelegt; die Ausdrücke, die an die jeweilige Stelle gesetzt werden, müssen die grammatischen Bedingungen dieser Stelle erfüllen. So ergeben das *einwertige Prädikat* und das *Subjekt im Nominativ* einen Satzbauplan für den einfachen Satz mit zwei Satzgliedstellen:

Subjekt	Prädikat

Einsetzbare Ausdrücke:
a) an der Prädikat-Stelle: schläft, liest, essen, blüht, regnet, ...
b) an der Subjekt-Stelle: Lena, das Baby, alle Gäste, der Ahorn, es, ...
Subjekt und Prädikat müssen in der Person und im Numerus übereinstimmen (⇨ 243).
Außerdem müssen semantische (inhaltliche) Bedingungen erfüllt sein, damit ein grammatischer <u>und</u> von seiner Aussage her verständlicher Satz entsteht.

Subjekt	Prädikat	Subjekt	Prädikat	Subjekt	Prädikat
Lena Das Baby Es	schläft.	Der Ahorn Es	blüht.	Es	regnet.

---

* Vgl. Anm. S. 108 und 110

Subjekt und Prädikat sind die Grundelemente im einfachen Satz; sie sind beide gleich wichtig, auch wenn das Verb kraft seiner Valenz die Art und Anzahl weiterer Ergänzungen bestimmt. ⇨ 248

Zweiwertiges Prädikat

Subjekt	Prädikat	Objekt
⟷	füttert	→
Paul		seinen Hund.

Dreiwertiges Prädikat

Subjekt	Prädikat	Objekt (Dativ)	Objekt (Akkusativ)
⟷	schenkt	→	→
Lena		ihrem Bruder	ein Computerspiel.

6.2 Aussagesatz

272

Mit einem Aussagesatz kann man einen Sachverhalt, eine Mitteilung oder allgemein eine Feststellung wiedergeben. Aussagesätze schließen mit einem Punkt. Nur bei eindringlicher Rede oder bei Ausrufen steht ein Ausrufezeichen. Man erkennt den Aussagesatz daran, dass das flektierte Verb (der finite Prädikatsteil) an der zweiten Stelle im Satzbauplan steht.

Zusammen mit dem Frage- und dem Aufforderungssatz gehört der Aussagesatz zu den drei Satzarten im Deutschen. Jede der drei Satzarten hat eine ihr eigentümliche Satzbetonung (Intonation).

Aussagesatz: Der Sturm braust. Seit drei Jahren hatten wir kein solches Unwetter.

273 **Subjekt und Prädikat im Aussagesatz**

In der Normalform des Aussagesatzes steht das Subjekt an erster Satzgliedstelle vor dem flektierten Verb. Dies gilt auch für die mehrteiligen Prädikate (verbale Klammer). ⇨ 245

Durch Inversion (Umstellung ⇨ 276) kann jedes andere Satzglied die erste Stelle besetzen; das Subjekt räumt in diesem Fall die erste Stelle und wird hinter das flektierte Verb an die 3. Stelle gesetzt.

Satzgliedstellen

1. Stelle	2. Stelle	3. Stelle	4. Stelle
Familie Schulz	fährt	jeden Sommer	an die Nordsee.
Jeden Sommer	fährt	Familie Schulz	an die Nordsee.
An die Nordsee	fährt	Familie Schulz	jeden Sommer.

Erweiterungsprobe

274

Bei nur zwei Satzgliedstellen muss durch Erweiterung geprüft werden, ob das flektierte Verb an der 2. Satzgliedstelle bleibt oder (wie im Nebensatz ⇨ 292) eine andere Satzgliedstelle einnimmt.

Es <u>regnet</u>. – Es <u>regnet</u> den ganzen Tag.

Die Erweiterungsprobe zeigt, dass das flektierte Verb an der zweiten Stelle bleibt. Es handelt sich also um einen Aussagesatz.

275

Es gibt einige Fälle, bei denen das flektierte Verb auch im Nebensatz an zweiter statt an letzter Stelle steht. Dies kommt hauptsächlich bei der indirekten Rede vor. Der abhängige Nebensatz darf nicht mit dem Aussagesatz, der ein Hauptsatz ist, verwechselt werden. ⇨ 299f.

Aussagesatz (Hauptsatz):

Nora <u>will</u> nicht zu meinem Geburtstag kommen.

Indirekte Rede (abhängiger Nebensatz):

(Nora sagt), sie <u>wolle</u> nicht zu meinem Geburtstag kommen.

Zur Probe lässt sich der Nebensatz immer so umwandeln, dass das flektierte Verb die zweite Satzgliedstelle verlässt:

(Nora sagt), dass sie nicht zu meinem Geburtstag kommen <u>wolle</u>.

Inversion (Umstellung)

276

In der gesprochenen Sprache, vor allem im Alltagsgespräch, können im Aussagesatz einzelne Satzteile umgestellt werden. Die Inversion einzelner Satzteile an die erste Position dient der Hervorhebung.

Doris hat wieder nicht aufgeräumt.	– <u>Aufgeräumt</u> hat sie schon, aber nicht genug.
Hast du gut gefrühstückt?	– <u>Nur etwas Milch</u> hab' ich getrunken, sonst nichts.
Konntest du nicht kommen?	– <u>Hundeelend</u> war mir, glaub es mir!

6.3 Fragesatz

277

> Mit einem Fragesatz fordert man jemanden dazu auf, eine Auskunft zu geben. Nur in seltenen Fällen erwartet man keine Antwort, da die Frage nur zum Schein gestellt wird (rhetorische Frage).
> Man unterscheidet zwei Haupttypen des Fragesatzes:
> – die Entscheidungsfrage (Ja/Nein-Frage, Satzfrage) und
> – die Ergänzungsfrage (W-Frage, Satzgliedfrage).
> Fragesätze haben ein Fragezeichen als Satzschlusszeichen sowie eine besondere Intonation (Betonung). Der Fragesatz gehört zusammen mit dem Aussage- und dem Aufforderungssatz zu den drei Satzarten im Deutschen.

Fragesätze	
Entscheidungsfrage	Kommst du mit uns?
Ergänzungsfrage	Wohin wollen wir gehen?
Rhetorische Frage	Seid ihr noch ganz gescheit?

278 **Entscheidungsfrage**

Bei der Entscheidungsfrage steht das flektierte Verb an der ersten Satzgliedstelle. Entscheidungsfragen können grundsätzlich mit Ja oder Nein beantwortet werden; meist erwartet der Fragende jedoch eine zusätzliche Erklärung für die Ja/Nein-Entscheidung. Der Angesprochene kann einer Entscheidungsfrage auch ausweichen:

Entscheidungsfrage	mögliche Antworten
Kommst du mit uns?	Nein. (Ich muss zum Zahnarzt.)
	Soll ich denn?
	Vielleicht. – Mal seh'n.
	Nur wenn es nicht regnet.
	...

Ergänzungsfrage   **279**

Bei Ergänzungsfragen steht das flektierte Verb an zweiter Satzgliedstelle. Ergänzungsfragen werden mit einem Interrogativpronomen (*wer?, was?, welcher?* ⇨ 145)
oder einem Interrogativadverb (*wann?, wo?, wie lange?, wieviel?* ⇨ 144) eingeleitet.
Die Interrogativpronomen können dekliniert werden, Interrogativadverbien nicht.
Ergänzungsfragen beziehen sich auf einzelne Teile eines Satzes (Satzglieder).

– Mit Interrogativpronomen fragt man nach dem Subjekt oder den Objekten (selten
  dem Prädikat):

Wer geht mit uns?   –   Ich/Peter/Wir alle/Der Bruder von Ines
                                              (geht/gehen mit euch).

Wen nehmt ihr mit?   –   Nur den Bruder von Ines (nehmen wir mit).

– Mit Interrogativadverben fragt man nach Adverbialen:

Wohin wollen wir gehen?   –   (Wir gehen) nach draußen/ins Kino/zu
                                              Gabis Geburtstagsfeier.

Wie lange wollt ihr bleiben?   –   (Wir bleiben) von acht bis zehn Uhr/drei
                                              Stunden lang/nur kurz.

Formen der Frage: Satzart und Sprechhandlung   **280**

Die beiden Hauptformen des Fragesatzes sind die Entscheidungs- und die Ergänzungsfrage. Daneben gibt es noch folgende andere Formen der Frage, die a) die Gestalt
des Fragesatzes haben oder b) andere sprachliche Formen aufweisen.

a) Formen des Fragesatzes (als Satzart)

  – Die Alternativfrage (Auswahl zwischen zwei Möglichkeiten)

      Fährst du mit dem Bus oder holt Rolf dich mit dem Auto ab?

  – Die rhetorische Frage (der Sprecher erwartet keine Antwort)

      Seid ihr denn noch ganz gescheit?

b) Andere sprachliche Formen der Frage (als Sprechhandlung)

  – Aussagesatz (mit typischer Frageintonation)

      Sie fährt mit Rolf?

  – Echofrage (ohne festes Schema, jedoch mit starker Betonung des erfragten Wortes)

      Ich soll <u>was</u> gesagt haben?

  – Modalpartikel (Abtönungspartikel) + Frageintonation

      Vielleicht fährst du mit Rolf?

  Weitere Modalpartikeln: bloß, nur, ja, auch ⇨ 171 (2)

6.4 Aufforderungssatz

281

> Mit einem Aufforderungssatz kann man Anweisungen, Befehle, Wünsche oder Bitten formulieren. Der Aufforderungssatz gehört zusammen mit dem Aussage- und Fragesatz zu den drei Satzarten im Deutschen.
>
> Beim Aufforderungssatz im Imperativ steht das flektierte Verb an erster Satzgliedstelle; der Aufforderungssatz hat meist ein Ausrufezeichen als Satzschlusszeichen oder eine starke Intonation (Betonung) am Ende des Satzes. Die direkte Aufforderung steht im Imperativ.

Aufforderungssatz (im Imperativ)

> Gib mir mein Heft zurück! Seid doch endlich mal still!
> Fahren Sie bitte rechts ran!

282 **Imperativ**

Der Imperativ (die Befehlsform des Verbs) ist neben dem Indikativ und Konjunktiv einer der drei Modi im Deutschen. ⇨ 71

Da sich Aufforderungen direkt an eine oder mehrere Personen richten, werden die Imperativformen in der 2. Person Singular und Plural im Präsens gebraucht. Die höfliche Aufforderung, die sich an jemanden richtet, den man mit *Sie* anspricht, hat eine eigene Form. Andere Tempora und das Passiv kommen nicht vor.

Imperativ

2. Person Singular	Bleib(e) nicht länger als zwei Stunden!
2. Person Plural	Bleibt nicht länger als zwei Stunden!
Höflichkeitsform (Singular oder Plural)	Kommen Sie herein, und legen Sie ab!

Die Imperativform kann man nur von Handlungsverben, bei denen Menschen (oder Tiere) Subjekt sein können, und von Modalverben (⇨ 72) bilden. Bei der Höflichkeitsform muss der Zusammenhang entscheiden, ob Singular oder Plural gemeint ist.

Kommen Sie bitte herein!	–	eine Einzelperson oder mehrere Personen
Komm bitte herein!	–	nur eine Person (2. Person Singular)
Kommt bitte herein!	–	mehrere Personen (2. Person Plural)

Beim Imperativ wird das Subjekt im Normalfall nicht ausdrücklich genannt. In den **283**
Fällen, in denen es doch genannt wird, ist es besonders betont.

Gib <u>du</u> erst mal mein Buch zurück!   (Dann gebe <u>ich</u> dir auch dein Heft wieder.)

Geht <u>ihr</u> ruhig zum Fußballspiel!   (<u>Ich</u> bleibe lieber im Freibad.)

Außer im Aufforderungssatz kommt der Imperativ gelegentlich auch in anderen Zusam-   **284**
menhängen vor.

– Der Imperativ zur Kennzeichnung eines Bedingungsgefüges

> <u>Sprich</u> ihn nur einmal an, und du wirst ihn nicht mehr los. (= Wenn
> du ihn nur einmal ansprichst, dann wirst du ihn nicht mehr los.)

– Der Imperativ als Antwort auf eine Frage oder als Feststellung

> (Du siehst ja ganz schön geschafft aus.)
> <u>Spiel</u> du mal zwei Stunden Squash!

Formen des Aufforderns: Satzart und Sprechhandlung **285**

Neben dem Aufforderungssatz (als Satzart) im Imperativ gibt es noch andere sprachliche Mittel, um Anweisungen, Befehle, Wünsche oder ganz allgemein Aufforderungen
auszudrücken:

– Der Aufforderungssatz als Satzart wird nach seiner Form beurteilt:
  Imperativ, Spitzenstellung des flektierten Verbs, Intonation.

– Aufforderungen, Befehle u. Ä. als Sprechhandlungen werden nach der Absicht des
  Sprechenden (seiner Intention) beurteilt.

Aufforderung/Befehl	Form	Intention
Halte dich hier fest!	Aufforderungssatz im Imperativ	Aufforderung/Be-fehl/Wunsch an
Halten Sie sich hier fest!	Aufforderungssatz im Im-perativ (Höflichkeitsform)	einen anderen, sich festzuhalten
Du hältst dich jetzt fest!	Aussagesatz (Intonation)	
Wirst du dich jetzt festhalten?!	Fragesatz im Indikativ (rhetorische Frage)	
Würdest du dich (bitte) festhalten?!	Fragesatz im Konjunktiv (höfliche Form)	↓
Kannst du dich nicht festhalten?!	Fragesatz mit Modalverb (rhetorische Frage)	

Aufforderung/Befehl	*Form*	*Intention*
Festgehalten!	Partizip II	Aufforderung/Be-
Festhalten!	Infinitiv	fehl/Wunsch an
Du sollst/musst dich	Aussagesatz mit Modalverb	einen anderen,
festhalten!	im Indikativ	sich festzuhalten
Du solltest dich festhalten.	Aussagesatz mit Modalverb	
	im Konjunktiv (Übergang zur	
	bloßen Feststellung)	

286 **Ausrufesatz**

Der Ausrufesatz hat keine feste formale Gestalt. Ob es sich um einen Ausruf handelt, kann oft nur aus dem Redezusammenhang und der Intonation erschlossen werden. Gegenüber dem Aussagesatz hat der Ausrufesatz eine bewegtere Intonation (starke Betonung auf einzelnen Wörtern oder Silben).

> Das ist dir aber gut gelungen!
> Wie gut dir das wieder gelungen ist!
> Klasse!
> Du musst es tun!

6.5 Erweiterter Satz: Ergänzung und Angabe

287

> Der einfache Satz besteht nur aus den grammatisch notwendigen Satzgliedern, die durch die Valenz (Wertigkeit) des Verbs gefordert werden.
> Der einfache Satz kann durch Attribute (Satzgliedteile) oder durch grammatisch nicht notwendige Satzglieder (meist Adverbiale) erweitert werden. Adverbiale, die frei hinzugefügt werden können, heißen Angaben; sie können weggelassen werden, ohne dass der Satz grammatisch unvollständig wird.

Einfacher Satz	Die Kursleiterin begrüßt die Austauschschüler.
Erweiterter Satz	Die Kursleiterin, eine Englischlehrerin, begrüßt die deutschen Austauschschüler am Flughafen sehr freundlich.

<u>Satzglieder</u>

Subjekt	Die Kursleiterin
Prädikat	begrüßt

Ergänzung	die Austauschschüler (Akkusativobjekt)
Angaben	am Flughafen (lokales Adverbial, Ortsangabe)
	freundlich (modales Adverbial, Artangabe)
Satzgliedteile	
Attribute ⇨ 5.6	eine Englischlehrerin (Apposition als Attribut zu *die Kursleiterin*)
	deutschen (Adjektivattribut zu *Austauschschüler*)
	sehr (Adverb als Attribut zu *freundlich*)

Umstandsangabe, Umstandsergänzung   288

Obgleich die Angaben in einem erweiterten Satz weggelassen werden können, ohne dass dieser grammatisch unvollständig wird, können sie für die Aussageabsicht des Sprechers oder der Sprecherin und für die Verständlichkeit der Aussage entscheidende Bedeutung haben.

Unser Flugzeug wird <u>morgen um 11 Uhr</u> <u>in London</u> landen.
(Zeitangaben)   (Ortsangabe)
Sie unterhalten sich <u>auf Englisch</u>.
(Artangabe)

Die Orts- und Zeitangaben sind wichtig, wenn die Verständigung gelingen soll. Dasselbe gilt für die Artangabe; z. B. wenn jemand fragt, wie man sich denn unterhalten habe. Grammatisch gesehen sind die Angaben entbehrlich:

Unser Flugzeug wird landen. – Sie unterhalten sich.

Dass Adverbiale (adverbiale Bestimmungen ⇨ 5.5) auch *notwendige* Satzglieder (Ergänzungen) sein können, zeigen folgende Beispiele:

Unser Haus steht <u>in Frankfurt</u>. (Ortsergänzung)
Der Flug dauert <u>drei Stunden</u>. (Zeitergänzung)
Sie verhielten sich <u>recht zurückhaltend</u>. (Artergänzung)

Valenz (Wertigkeit) beim Adjektiv   289

In den meisten Fällen werden Ergänzungen durch die Valenz eines Verbs (des finiten Prädikatsteils im Satz) gefordert. Es gibt jedoch auch Fälle, in denen andere Wortarten (zum Beispiel das Adjektiv) aufgrund ihrer Valenz eine Ergänzung fordern:

Saskia ist ihrer Mutter ähnlich.

Sie ist sich der Ähnlichkeit nicht bewusst.

290 **Unterschiedliche Valenzen bei einem Verb**

Einige Verben haben unterschiedliche Valenzen; sie bilden mehr als nur einen Satzbauplan. Oft ergibt die Stellung in einem anderen Satzbauplan auch eine Bedeutungsveränderung.

Satzbauplan

Der Stein rollt.

Subjekt	Prädikat

Der Junge rollt den Stein.

Subjekt	Prädikat	Objekt

Er pfeift.
Er pfeift auf deine Freundschaft.

291 **Abgrenzung zwischen Angabe und Ergänzung**

Die genaue Abgrenzung von Ergänzung und Angabe kann im Einzelfall recht schwierig sein:

Die vier Freunde spielen Karten. (Akkusativobjekt als Ergänzung im 4. Fall)

Die vier Freunde spielen zusammen. (Adverbial als Artangabe)

Aus diesem Grund wird die Unterscheidung zwischen Ergänzung und Angabe nicht immer (streng) durchgeführt. Im Allgemeinen rechnet man die Objekte (⇨ 5.4) zu den Ergänzungen, die notwendig (konstitutiv) oder frei stehen können. Adverbiale (⇨ 5.5) zählen, wenn sie notwendig (konstitutiv) sind, zu den Ergänzungen; wenn sie frei hinzugefügt werden können, zählen sie zu den Angaben.

Ergänzung		
Objekt:	notwendig	Anke besucht das Internet-Café.
	frei	Anke schreibt eine E-Mail.
Adverbial:	notwendig	Die Bushaltestelle befindet sich vor dem Café.
Angabe		
Adverbial:	frei	Tim wartet vor dem Café.

7 Der komplexe Satz

7.1 Hauptsatz und Nebensatz

292

Aussage-, Frage- und Aufforderungssatz bilden die drei Satzarten im Deutschen; sie sind Hauptsätze. Kennzeichnend für die Hauptsätze ist die Position des flektierten Verbs (des finiten Prädikatsteils) an erster oder zweiter Satzgliedstelle.

Hauptsatz

Flektiertes Verb an erster Satzgliedstelle

	1.	2.	3.	4.	5.
a) Entscheidungsfrage	Gibst	du	mir	etwas Geld?	
b) Aufforderungssatz	Gib		mir	etwas Geld!	

Flektiertes Verb an zweiter Satzgliedstelle

	1.	2.	3.	4.	5.
a) Aussagesatz	Ich	gebe	dir	etwas Geld.	
b) Ergänzungsfrage	Warum	gibst	du	mir	kein Geld?

Nebensatz

Flektiertes Verb an letzter Satzgliedstelle

	1.	2.	3.	letzte Stelle
(Katrin fragt), ob	wir	ihr	Geld	geben.

Hauptsatz (das flektierte Verb steht an erster oder zweiter Satzgliedstelle)

Wohin gehst du? Ich gehe ins Kino. Geh doch mit!

Nebensatz (das flektierte Verb steht an letzter Satzgliedstelle)

..., weil wir ins Kino gehen.

(Übersicht zur Satzlehre ⇨ 267, 339f.)

293

Stellung des flektierten Verbs

Bei Teilsätzen, die nur aus zwei Satzgliedern bestehen, kann durch Erweiterung geprüft werden, ob es sich um einen Hauptsatz oder einen Nebensatz handelt. ⇨ 274 Hierbei ist zu beachten, dass die einleitende Konjunktion nicht als Satzglied mitgerechnet wird.

– Hauptsatz + Hauptsatz

> Wir bleiben zu Hause, denn es regnet.

Erweiterungsprobe: Der finite Prädikatsteil bleibt an der zweiten Stelle.

> Wir bleiben zu Hause, denn es regnet in Strömen.

– Hauptsatz + Nebensatz

> Wir bleiben zu Hause, weil es regnet.

Erweiterungsprobe: Der finite Prädikatsteil steht an letzter Stelle.

> Wir bleiben zu Hause, weil es in Strömen regnet.

294 Satzreihe

Hauptsätze können nebengeordnet miteinander verbunden werden; man spricht dann von einer Satzreihe. Satzreihen und Satzgefüge (⇨ 296) nennt man auch komplexe Sätze.

– Drei einzelne Hauptsätze:

> Heiko fährt gerne Rad.
> Sandra spielt Schach.
> Ralf hört am liebsten Musik.

– Satzreihe:

> Heiko fährt gerne Rad, Sandra spielt Schach und Ralf hört am liebsten Musik.

Die Satzreihe aus Hauptsätzen wird auch Satzverbindung genannt. Hauptsätze werden dann nebeneinander gereiht, wenn ihre Aussagen inhaltlich eng zusammengehören. Sie werden durch ein Komma (oder Semikolon) getrennt, wenn sie nicht durch *und* oder *oder* verbunden sind.

Wirkt eine Satzreihe unübersichtlich, so kann man selbst entscheiden, ob man vor *und* oder *oder* ein Komma setzt.

> Bei einer Inhaltsangabe zeigt man den Gedankengang eines Textes mit eigenen Worten auf, man konzentriert sich auf die wesentlichen Aussagen(,) und Autor, Titel, Textart und Thema stehen immer am Anfang.

– Weitere nebenordnende Konjunktionen, vor denen kein Komma steht, sind:

> beziehungsweise, sowohl – als auch, entweder – oder, weder – noch, sowie.

– Weitere nebenordnende Konjunktionen, vor denen ein Komma stehen muss, sind:

> aber, denn, doch, jedoch, sondern.

⇨ 186–188; zu den Konjunktionaladverbien ⇨ 176

Nebensatzreihe   **295**

Auch Nebensätze können nebengeordnet verbunden werden; man spricht dann von
einer Nebensatzreihe (Gliedsatzreihe, Attributsatzreihe). Die nebengeordneten Nebensätze werden durch ein Komma getrennt, wenn sie nicht durch *und, oder* oder *beziehungsweise* verbunden sind.

– Reihung von Gliedsätzen ⇨ 325f.

> Cora ärgert sich, <u>weil die Eltern ihr kein Geld geben und weil sie
> ohne Geld nicht ins Kino gehen kann</u>.

– Reihung von Attributsätzen ⇨ 327f.

> Die Mathearbeit, <u>die wir gestern schreiben sollten, die dann aber wegen
> Hitzefrei verschoben wurde</u>, wird nächsten Mittwoch geschrieben.

Wirkt eine Nebensatzreihe unübersichtlich, so kann man selbst entscheiden, ob man
vor *und* oder *oder* ein Komma setzt.

> Bei der Arbeit müsst ihr prüfen, ob ihr den Text inhaltlich verstanden
> habt, ob ihr den Gedankengang wirklich mit eigenen Worten wieder-
> gebt, ob ihr euch auf die wesentlichen Aussagen konzentriert (,) oder
> wie ihr den Beginn nach unserer Absprache gestaltet, welches Tem-
> pus ihr wählt (,) und ob ihr nichts Wesentliches vergessen habt.

Satzgefüge   **296**

Werden Hauptsatz und Nebensatz miteinander verbunden, so spricht man von einem
Satzgefüge. Satzgefüge und Satzreihen (⇨ 294) nennt man auch komplexe Sätze.

– Satzgefüge:

> Cora ärgert sich, weil sie kein Geld bekommt.
>
> (Hauptsatz)   (Nebensatz)

– Auch Nebensätze können voneinander abhängig sein; man spricht dann von Nebensätzen 1., 2. oder 3. Grades.

> Cora will wissen, <u>ob sie ihr Taschengeld, das sie Anfang nächsten</u>
>
> Nebensatz 1. Grades   Nebensatz 2. Grades
>
> <u>Monats bekommt, schon jetzt haben kann</u>.
>
> Nebensatz 1. Grades

Die Teilsätze in einem Satzgefüge sind einander untergeordnet, z. B. ist der Nebensatz
dem Hauptsatz untergeordnet oder der Nebensatz 2. Grades dem Nebensatz 1. Grades.
Solche untergeordneten Teilsätze werden immer durch Kommas getrennt.

Weitere unterordnende Konjunktionen sind: als, nachdem, bis, als ob, da, so dass,
wenn, obwohl, dass. ⇨ 189–192.

Werden Satzreihen und Satzgefüge kombiniert, so spricht man auch von einer Satzperiode:

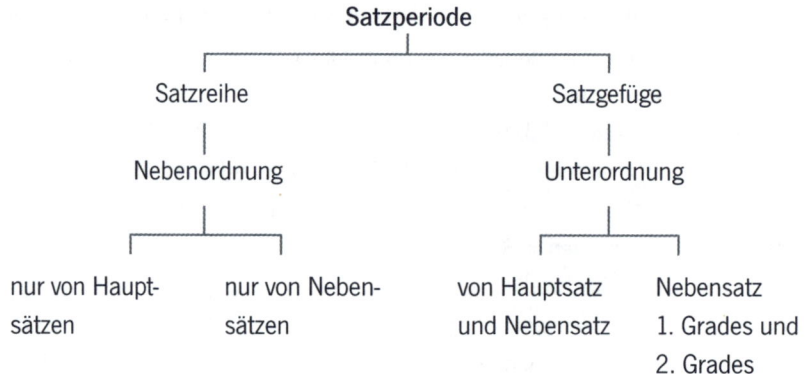

297 **Nebensatzwertige Konstruktionen**

Eine Infinitiv- oder Partizipialgruppe, die aus mehreren Wörtern besteht, kann wie ein Nebensatz betrachtet werden.

– Der einfache Infinitiv, der durch keinen Zusatz erweitert ist, wird nicht durch Kommas getrennt.

> Um 8 Uhr begann Anne <u>zu arbeiten</u>.

– Der erweiterte Infinitiv mit *zu* kann durch Kommas getrennt werden, um die Gliederung des Satzes deutlich zu machen oder um Missverständnisse auszuschließen.

> Anne ging in ihr Zimmer, <u>um zu arbeiten</u>.
> Sie gab vor, <u>an einem Referat zu arbeiten</u>, tat es aber nicht.
> Sie bat, <u>Jens unbedingt zu helfen</u>.
> Sie bat Jens, <u>unbedingt zu helfen</u>.

– Die Partizipialgruppe, die durch mindestens ein anderes Wort genauer bestimmt ist, kann durch Kommas getrennt werden.

> <u>Schimpfend</u> verließ der Spielleiter die Versammlung.
> <u>Laut über den Vorsitzenden schimpfend</u>, verließ der Spielleiter die Versammlung.
> Der Spielleiter verließ, <u>laut über den Vorsitzenden schimpfend</u>, die Versammlung.

7.2 Eingeleiteter und uneingeleiteter Nebensatz

298

Betrachtet man die Nebensätze unter rein formalen Gesichtspunkten, so lassen sich eingeleitete und uneingeleitete Nebensätze unterscheiden.
– Ist das Einleitungswort eine (unterordnende) Konjunktion, so heißen die eingeleiteten Nebensätze Konjunktionalsätze.
– Ist das Einleitungswort ein Relativpronomen oder Relativadverb, so heißen die eingeleiteten Nebensätze Relativsätze.
– Die uneingeleiteten Nebensätze haben kein Einleitungswort (Konjunktion oder Pronomen); sie lassen sich jedoch immer in einen eingeleiteten Nebensatz umwandeln.

Eingeleitete Nebensätze

Konjunktionalsatz ⇨ 7.3	Sascha fährt ans Meer, <u>weil</u> er surfen möchte.
Relativsatz ⇨ 7.4	Mutige Surfer lieben Strände, <u>die</u> hohe Wellen haben.

Uneingeleiteter Nebensatz

Indirekte Rede	Saschas Freund sagte, <u>er wolle mit ans Meer fahren</u>.
	(Saschas Freund sagte, <u>dass er mit ans Meer fahren wolle</u>.)

299

Uneingeleiteter Inhaltssatz

Am häufigsten kommt der dass-Satz als uneingeleiteter Nebensatz vor; zum Beispiel in der indirekten Rede (⇨ 66). Da ein solcher dass-Satz den wesentlichen Inhalt der Gesamtaussage enthält, nennt man ihn auch Inhaltssatz.

Der uneingeleitete Nebensatz darf nicht mit einem Hauptsatz (z. B. dem Aussagesatz) verwechselt werden, obgleich das flektierte Verb ebenfalls an zweiter Satzgliedstelle steht.

Der uneingeleitete Nebensatz sieht dem Hauptsatz deshalb ähnlich, weil er nicht durch eine Konjunktion oder ein Pronomen eingeleitet wird (⇨ 298).

Der uneingeleitete Nebensatz kann immer in einen eingeleiteten Nebensatz umgewandelt werden, bei dem das flektierte Verb an letzter Satzgliedstelle steht (⇨ 293).

Uneingeleiteter dass-Satz	durch Konjunktion eingeleiteter dass-Satz
Dirk sagt, <u>er wisse nichts davon</u>.	Dirk sagt, <u>dass</u> er nichts davon <u>wisse</u>.
Wir dachten, <u>ihr würdet erst morgen kommen</u>.	Wir dachten, <u>dass</u> ihr erst morgen kommen <u>würdet</u>.

Uneingeleiteter dass-Satz	durch Konjunktion eingeleiteter dass-Satz
Ich erinnere mich, <u>du hast davon am Telefon gesprochen</u>.	Ich erinnere mich, <u>dass</u> du davon am Telefon gesprochen <u>hast</u>.
Jeder weiß, <u>André muss in Englisch eine Nachprüfung machen</u>.	Jeder weiß, <u>dass</u> André in Englisch eine Nachprüfung machen <u>muss</u>.

300 **Uneingeleiteter *ob*- und *wenn*-Satz**

Neben den dass-Sätzen können noch andere Nebensatzarten uneingeleitet vorkommen. Uneingeleitete Nebensätze dürfen nicht mit Hauptsätzen verwechselt werden, auch wenn das flektierte Verb an erster Satzgliedstelle steht. Die uneingeleiteten Nebensätze können immer in eingeleitete umgewandelt werden.

Uneingeleiteter Nebensatz	Eingeleiteter Nebensatz

– ob-Satz (indirekter Fragesatz)
  Ich möchte wissen, <u>hat Petra bezahlt oder hat sie nicht bezahlt</u>.
  Nach der Tat fragt sich der Kommissar, <u>war es der Bruder oder war es der Gärtner</u>.
	Ich möchte wissen, <u>ob</u> Petra bezahlt <u>hat</u> oder <u>ob</u> sie nicht bezahlt <u>hat</u>.
	Nach der Tat fragt sich der Kommissar, <u>ob</u> es der Bruder <u>war</u> oder <u>ob</u> es der Gärtner <u>war</u>.

– wenn-Satz (Konditionalsatz) <u>Bezahlt Petra nicht</u>, dann darf sie auch nicht mitfahren. <u>Fragt dich der Kommissar</u>, erwähne nicht meinen Namen.	<u>Wenn</u> Petra nicht <u>bezahlt</u>, dann darf sie auch nicht mitfahren. <u>Wenn</u> dich der Kommissar <u>fragt</u>, erwähne nicht meinen Namen.

301 **Indirekte und direkte Rede als uneingeleiteter Nebensatz**

Indirekte Rede und direkte Rede gelten als uneingeleitete dass-Sätze, d. h. als Nebensätze.

Indirekte Rede:

Lutz sagt, <u>er fahre mit seinen Eltern nach Berlin</u>.

Probe: Lutz sagt, <u>dass</u> er mit seinen Eltern nach Berlin <u>fährt</u>.

Direkte Rede:

Lutz sagt: <u>„Ich fahre mit meinen Eltern nach Berlin."</u>

In diesem Beispiel ist *Lutz sagt* der Hauptsatz und *Ich fahre mit meinen Eltern nach Berlin* der uneingeleitete Nebensatz, der (wie bei der indirekten Rede) in einen dass-Satz überführt werden kann.

7.3 Konjunktionalsatz

> Konjunktionalsätze gehören zu den eingeleiteten Nebensätzen; sie werden mit unterordnenden Konjunktionen eingeleitet und kennzeichnen meist die genaueren Umstände einer Handlung oder eines Geschehens.
> Je nach ihrem Inhalt und der Art der einleitenden Konjunktion können die Konjunktionalsätze in verschiedene Untergruppen eingeteilt werden.

302

Konjunktionalsatz (Nebensatz)

> Sandra will hier warten, <u>bis ihr Freund kommt</u>.

Untergruppen des Konjunktionalsatzes

303

Temporalsätze werden mit Konjunktionen wie *als, bevor, bis, ehe, nachdem, seitdem* eingeleitet. ⇨ 189

Der Temporalsatz gibt an, unter welchen zeitlichen Umständen ein Geschehen abläuft.

Man fragt: *wann?, wie lange?, seit wann?, wie oft?*

– Gleichzeitigkeit

> Anke übt Klavier, <u>während ihr Bruder Gitarre spielt</u>.

– Vorzeitigkeit

> Anke übt Klavier, <u>nachdem ihr Bruder Gitarre gespielt hat</u>.

– Nachzeitigkeit

> Anke übt Klavier, <u>bevor ihr Bruder Gitarre spielen wird</u>.

Der Modalsatz wird mit Konjunktionen wie *als ob, anstatt dass, indem, insofern, je – desto, ohne dass, während, wohingegen* eingeleitet. ⇨ 190

304

Man fragt: *wie?, wie sehr?, wieviel?*

– Art und Weise (Modalsatz im engeren Sinne)

> Jan führt seinen Hund Reno spazieren, <u>indem er ihn an der langen Leine laufen lässt</u>.

– Einschränkung (Restriktivsatz)

> Jan wird mit Reno spazieren gehen, <u>sofern er dazu Zeit hat</u>.

– Gegensatz (Adversativsatz)

Jan muss mit Reno spazieren gehen, <u>während seine Schwester fernsehen darf</u>.

– Vergleich (Komparativsatz)

Reno zieht an der Leine, <u>als ob er ein Kaninchen gewittert hätte</u>.

– Gleichung (Proportionalsatz)

<u>Je langsamer Jan geht</u>, desto heftiger zerrt Reno an der Leine.

305 Der Kausalsatz wird mit einer Konjunktion wie *da, weil, zumal* eingeleitet. Mit einem Kausalsatz kann man eine Begründung für ein Geschehen oder eine Handlung ausdrücken. Man fragt: *warum?, weshalb?*

Jan läuft nach Hause, <u>weil es zu regnen anfängt</u>.

306 Der Konsekutivsatz wird mit einer Konjunktion wie *als dass, dass, so dass* eingeleitet. Mit einem Konsekutivsatz kann man die Folge eines Geschehens angeben. Man fragt: *mit welcher Folge/Wirkung?*

Der Schulbus hatte eine Panne, <u>so dass die Kinder verspätet zum Unterricht kamen</u>.

307 Der Instrumentalsatz wird meist mit der Konjunktion *indem* eingeleitet. Mit einem Instrumentalsatz kann man das Mittel zu einer Handlung oder einem Geschehen kennzeichnen. Man fragt: *womit?, wodurch?*

Der Mathelehrer prüft die Aufgaben, <u>indem er einen Taschenrechner zu Hilfe nimmt</u>.

308 Der Konditionalsatz wird mit einer Konjunktion wie *falls, wenn, sofern* eingeleitet; er gibt die Bedingung für eine Handlung oder ein Geschehen an. Man fragt: *unter welcher Bedingung?*

Ich leihe dir mein Fahrrad, <u>wenn ich so lange dein Skateboard bekomme</u>.

309 Der Konzessivsatz wird mit einer Konjunktion wie *wenn auch, obgleich, obwohl, obschon, trotzdem, wenngleich* eingeleitet; er kennzeichnet einen (unwirksamen) Gegengrund oder eine Einschränkung/Einräumung. Man fragt: *unter welcher Einräumung?, trotz wessen?*

Heike lernt für die Mathearbeit, <u>obwohl sie lieber den Krimi sehen würde</u>.

310

Der Finalsatz wird mit einer Konjunktion wie *damit, dass* eingeleitet; man gibt damit den Zweck eines Geschehens oder die Absicht einer Handlung an. Man fragt: *wozu?*

> Heike fährt schon eine halbe Stunde früher, <u>damit sie die Erste auf der Geburtstagsfeier ist</u>.

Der Finalsatz lässt sich durch eine Infinitivkonstruktion ersetzen:

> Heike fährt schon eine halbe Stunde früher, <u>um die Erste auf der Geburtstagsfeier zu sein</u>.

311

Weiterführender Konjunktionalsatz

Durch einen Konjunktionalsatz kann ein Sachverhalt mitgeteilt werden, der in keiner direkten (logischen) Beziehung zur Aussage des übergeordneten Satzes steht. Dennoch kann ein Sprecher die beiden Sachverhalte miteinander verknüpfen, indem er sie in einem Haupt- und einem Konjunktionalsatz (z. B. einem Temporalsatz) miteinander verbindet. Man spricht dann von einem weiterführenden Konjunktionalsatz:

– Unabhängige Sachverhalte: zwei Hauptsätze

> Ein Auto fuhr draußen vorbei. Petra verabschiedete sich.

– Unabhängige Sachverhalte: weiterführender Konjunktionalsatz

> Ein Auto fuhr draußen vorbei, <u>als sich Petra verabschiedete</u>.

312

dass-, *ob-* und *wie-*Satz als Konjunktionalsätze

Die Konjunktionen *dass, ob* und *wie* kennzeichnen weniger die genaueren Umstände einer Handlung oder eines Vorgangs, sondern vielmehr die grammatische Abhängigkeit des jeweiligen Konjunktionalsatzes.

– Der *dass*-Satz (der Inhaltssatz)

> Ich wusste, <u>dass es falsch war</u>.

Auch die indirekte und die direkte Rede gelten als (uneingeleitete) Inhaltssätze, da sie durch einen dass-Satz ersetzt werden können. ⇨ 299 und 301

– Der *ob*-Satz (der indirekte Fragesatz)

> Sie wollte wissen, <u>ob es falsch war</u>.

– Der *wie*-Satz (der modale Aussagenebensatz)

> Sie wollte wissen, <u>wie es richtig ist</u>.

7.4 Relativsatz

313

> Relativsätze gehören zu den eingeleiteten Nebensätzen; sie werden mit einem Relativpronomen oder Relativadverb eingeleitet und sind von einem übergeordneten Satz abhängig. Meistens bezieht sich der Relativsatz auf ein direkt vorangehendes Nomen, das er charakterisiert oder näher bestimmt.
>
> Eine Variante ist der Relativsatz ohne direktes Bezugswort:
> – der freie Relativsatz, bei dem das Bezugswort fehlt, aber leicht ersetzt werden kann;
> – der weiterführende Relativsatz, der einen vom übergeordneten Satz unabhängigen Sachverhalt beinhaltet.

Relativsatz (nach einem Bezugswort)

Anna grüßt jeden, <u>den sie im Schulgebäude trifft</u>.

Freier Relativsatz (⇨ 318)

Anna grüßt, <u>wen sie im Schulgebäude trifft</u>.

Weiterführender Relativsatz (⇨ 321)

Anna grüßt jeden, <u>was uns sehr verwundert</u>.

314 **Relativsatz und Relativpronomen**

Am häufigsten sind Relativsätze, die mit einem Relativpronomen wie *der, die, das, ...* eingeleitet werden. Die Relativpronomen können dekliniert werden (⇨ 151). Sie richten sich in Genus und Numerus nach ihrem Bezugswort. Der Kasus des Relativpronomens richtet sich nach seiner grammatischen Rolle im Relativsatz. Diese kann man dadurch ermitteln, dass man den entsprechenden Hauptsatz bildet:

Wir laden Britta ein, <u>deren</u> Freund ein Auto hat.   –   <u>Brittas</u> Freund hat ein Auto.

(Genitiv)   (Genitiv)

Genus: Maskulinum **Numerus:** Singular	
Kasus: Nominativ	Das ist der Junge, <u>der</u> gestern angerufen hat.
Genitiv	, <u>dessen</u> Rad gestohlen wurde.
Dativ	, <u>dem</u> du helfen musst.
Akkusativ	, <u>den</u> du fragen kannst.

Wird der Relativsatz durch eine Präposition eingeleitet, so steht diese vor dem Relativpronomen:

> Das ist der Junge, <u>von dem</u> ich dir erzählt habe.

Relativadverb

315

Relativadverbien wie *da, wo, wodurch, woher, wohin, womit, worauf, wovon* können die gleiche Aufgabe wie Relativpronomen übernehmen. ⇨ 177

Häufig wird das Relativadverb durch Präposition + Relativpronomen ersetzt.

> Ich schenke Alex das Video, <u>wovon</u> ihr gestern auf dem Heimweg gesprochen habt. (Relativadverb)

oder:
> Ich schenke Alex das Video, <u>von dem</u> ihr gestern auf dem Heimweg gesprochen habt. (Präposition + Relativpronomen)

aber nur:
> Ich suche den Verkäufer, <u>von dem</u> ich gestern bedient worden bin. (Präposition + Relativpronomen bei Personen)

Ist das Bezugswort ein Pronomen wie *das, alles, etwas, ...,* dann muss das Relativadverb stehen:

Wir wollen über <u>das</u> sprechen, <u>womit</u> wir gestern nicht ganz fertig geworden sind.

Lokalsatz

316

Der Lokalsatz ist immer ein Relativsatz; lokale Konjunktionalsätze gibt es nicht. ⇨ 303 ff.

Der Lokalsatz steht nach einem Bezugswort oder als freier Relativsatz ohne Bezugswort (⇨ 318) und wird mit einem Relativadverb wie *wo, wohin* eingeleitet.

– Lokalsatz mit Bezugswort

> Wir treffen uns <u>dort</u>, <u>wo</u> wir uns gestern getroffen haben.

– Lokalsatz als Relativsatz ohne Bezugswort

> Wir treffen uns, wo wir uns gestern getroffen haben.

Zur Unterscheidung von Gliedsatz (ohne Bezugswort) und Attributsatz (mit Bezugswort) ⇨ 7.5

Zum Gebrauch von *was* als Relativpronomen

317

Das Relativpronomen *was* (anstelle von *das*) wird grundsätzlich nach den Bezugswörtern *alles, das, dasjenige, dasselbe, einiges* oder *vieles* gebraucht. ⇨ 133, 156

> <u>Das</u>, <u>was</u> du meinst, ist mir schon klar.

> Mich interessiert an Geschichte <u>dasjenige</u>, <u>was</u> nicht in den Schulbüchern steht.

Außerdem kann *was* gebraucht werden, wenn das Bezugswort ein Adjektiv oder Partizip in der Rolle eines Nomens ist, das etwas Verallgemeinertes oder Abstraktes ausdrückt:

> Beim Klassentreffen sprach man über all <u>das Lustige</u>, <u>was</u> man in der Schulzeit erlebt hatte.

Das Relativpronomen *das* wird gebraucht, wenn das Bezugswort ein Nomen (im Neutrum) oder Adjektiv/Partizip in der Rolle eines Nomens ist, das etwas Bestimmtes ausdrückt:

> Keiner glaubte das Gerücht, <u>das</u> in der Schule verbreitet wurde.
> Wir sprachen im Unterricht über die Metapher, <u>die</u> in Gedichten eine wichtige Rolle spielt.

318 Freier Relativsatz (ohne Bezugswort)

In der Regel bezieht sich das Relativpronomen des Relativsatzes auf ein Bezugswort im übergeordneten Satz. Dieses Bezugswort kann weggelassen werden, wenn es im gleichen Kasus wie das Relativpronomen steht und leicht ergänzt werden kann. Man spricht dann von einem freien Relativsatz:

Wir helfen, <u>wem wir vertrauen können</u>. (Wir helfen <u>jedem</u>, dem wir vertrauen können.)
<u>Wer wagt</u>, gewinnt. (Wer wagt, <u>der</u> gewinnt.)

319 Zum Gebrauch von *welcher* als Relativpronomen

Das Relativpronomen *welcher, welche, welches* wird nach dem Demonstrativpronomen *derjenige, ...* gebraucht oder dann, wenn mehrere Pronomen der Gruppe *der, die, das* hintereinander stehen würden.

Statt: Ich bitte die, die die Karten noch nicht bezahlt haben, sich zu melden.
Besser: Ich bitte die(jenigen), <u>welche</u> die Karten noch nicht bezahlt haben, sich zu melden.

320 Mehrdeutigkeit

Da das Relativpronomen in Genus und Numerus mit seinem Bezugswort übereinstimmt, sollte der Relativsatz unmittelbar seinem Bezugswort folgen, um Missverständnisse zu vermeiden.

Missverständlich: Der Vater hob das Kind vom Pferd, das laut schrie.
Eindeutig: Der Vater hob das Kind, das laut schrie, vom Pferd.

Weiterführender Relativsatz
321

Durch einen Relativsatz kann ein Sachverhalt mitgeteilt werden, der in keiner direkten (logischen) Beziehung zur Aussage des übergeordneten Satzes steht und der sich auch nicht auf ein bestimmtes Bezugswort bezieht. Werden dennoch beide Sachverhalte durch ein Relativpronomen miteinander verknüpft, so spricht man von einem weiterführenden Relativsatz. (Zum weiterführenden Konjunktionalsatz ⇨ 311)

In einer bestimmten Gesprächssituation lässt sich der weiterführende Relativsatz häufig auf die gesamte Aussage des übergeordneten Satzes beziehen.

– Unabhängige Sachverhalte in zwei Hauptsätzen:

Sara kommt an die Kreuzung. Zwei Autos sind zusammengestoßen.
Anna grüßt jeden im Schulgebäude. Wir wundern uns sehr.

– Unabhängige Sachverhalte in Hauptsatz und weiterführendem Relativsatz:

Sara kommt an die Kreuzung, wo zwei Autos zusammengestoßen sind.
Anna grüßt jeden im Schulgebäude, was uns sehr wundert. (Dass wir uns sehr wundern, bezieht sich auf die gesamte Aussage des übergeordneten Satzes, nämlich dass „Anna" „jeden" „im Schulgebäude" „grüßt".)

Satzreihe, Satzgefüge
322

Ein Relativsatz kann einem anderen Relativsatz nebengeordnet oder untergeordnet werden; man spricht dann von einer Satzreihe (⇨ 295) oder einem Satzgefüge (⇨ 296). Das Komma steht wie bei der Aufzählung einzelner Wörter.

– Nebensatzreihe (Relativsatzreihe):

Mein Vater sprach mit dem Mann, der gestern mit uns telefoniert hatte und der seinen Namen nicht nennen wollte.

– Nebensatzgefüge (Relativsatz 1. und 2. Grades):

Mein Vater sprach mit dem Mann, der gestern unser Auto, das vor unserem Haus abgestellt war, angefahren hatte.

Restriktiver Relativsatz
323

Manchmal wird zwischen restriktivem (einschränkendem) und nicht restriktivem Relativsatz unterschieden.

– Der restriktive Relativsatz kann nicht ohne weiteres weggelassen werden, da er zur Kennzeichnung des Bezugswortes im übergeordneten Satz notwendig ist. Dieses Bezugswort kann meist durch *derjenige* hervorgehoben werden:

Wir werden den (= denjenigen) Text lesen, den die meisten gewählt haben.

– Der nicht restriktive Relativsatz fügt dem bereits bekannten Bezugswort eine Information hinzu, die ebenfalls bekannt sein sollte. Er ist von daher für die Verständlichkeit des Satzes nicht unbedingt notwendig.

> Wir werden die Novelle „Der Schimmelreiter" lesen, <u>die (bekanntlich) von Theodor Storm verfasst worden ist</u>.

7.5 Gliedsatz und Attributsatz

324

> Betrachtet man die Nebensätze nach der grammatischen Rolle, die sie im komplexen Satz spielen, dann lassen sie sich in Gliedsätze und Attributsätze einteilen.
>
> Steht ein Nebensatz an der Stelle eines Satzglieds, so handelt es sich um einen Gliedsatz. Steht ein Nebensatz an der Stelle eines Attributs, so handelt es sich um einen Attributsatz.

Gliedsatz	Das Auto wird abgeschleppt, <u>weil es vor der Einfahrt parkt</u>.
Attributsatz	Das Auto, <u>das vor der Einfahrt parkt</u>, wird abgeschleppt.

(Übersicht zur Satzlehre ⇨ 267)

325 **Grammatische Stellung des Gliedsatzes: Gliedsatz und Satzglied**

Gliedsätze sind Nebensätze, die an der grammatischen Stelle von Satzgliedern stehen; sie lassen sich durch entsprechende Satzglieder ersetzen.
Ersatzprobe:

Gliedsatz	Grammatische Stelle	Ersatzprobe
<u>Wer alles besser weiß</u>, macht sich keine Freunde.	Subjekt (Nominativ) *Wer oder was?*	<u>Ein Besserwisser</u> macht sich keine Freunde.
Ihr dürft essen, <u>was ihr wollt</u>.	Objekt (Akkusativ) *Wen oder was?*	Ihr dürft <u>alles</u> essen.
Der Film beginnt, <u>wenn die Tagesschau vorbei ist</u>.	Adverbial (temporal) *Wann?*	Der Film beginnt <u>nach der Tagesschau</u>.

Arten des Gliedsatzes

326

Die meisten Gliedsätze sind Konjunktionalsätze. Grundsätzlich können jedoch alle Nebensatzarten die grammatische Stelle von Satzgliedern einnehmen:

(1) Der Konjunktionalsatz (⇨ 7.3) als Gliedsatz

Grammatische Stelle

Subjekt	Dass du jetzt auf das Gymnasium gehst, war mir nicht bekannt.
	Probe: Dies war mir nicht bekannt.
Objekt	Er fragte sich, ob das richtig sei.
	Probe: Er fragte sich dies.
Adverbial	Ben kann heute nicht schwimmen, weil er erkältet ist.
	Probe: Ben kann wegen einer Erkältung heute nicht schwimmen.

(2) Der Relativsatz (⇨ 7.4) als Gliedsatz

Grammatische Stelle

Subjekt	Wer hier ist, kann auch mitmachen.
	Probe: Jeder hier kann mitmachen.
Objekt	Wir wollen wissen, was ihr für Pläne habt.
	Probe: Wir wollen eure Pläne wissen.
Adverbial	Wo heute Wüste ist, gab es früher blühendes Land.
	Probe: Hier gab es früher blühendes Land.

(3) Die Infinitivgruppe (⇨ 297) als Gliedsatz

Grammatische Stelle

Subjekt	Alles zu wissen ist unmöglich.
	(Folgt ein Bezugswort, muss ein Komma stehen: Alles zu wissen, das ist unmöglich.)
	Probe: Dieses ist unmöglich.
Objekt	Die Klasse 9c hat beschlossen, nach Berlin zu fahren.
	Probe: Die Klasse 9c hat die Berlinfahrt beschlossen.
Adverbial	Der Kunde verließ den Laden, ohne die Ware zu bezahlen.
	Probe: Der Kunde verließ ohne Bezahlung der Ware den Laden.

(4) Die Partizipialgruppe (⇨ 297) als Gliedsatz

Adverbial	Von der tief stehenden Sonne geblendet, musste der Torwart eine Schirmmütze aufsetzen.
	Probe: Wegen der tief stehenden Sonne musste der Torwart eine Schirmmütze aufsetzen.

327 Attributsatz

Die meisten Attributsätze sind Relativsätze (⇨ 7.4); grundsätzlich können aber auch andere Nebensatzarten Attributsätze sein.

Attributsätze sind formal dadurch gekennzeichnet, dass sie einem Bezugswort (möglichst unmittelbar) folgen.

(1) Der Konjunktionalsatz (⇨ 7.3) als Attributsatz

Jeder Konjunktionalsatz mit einem Bezugswort im übergeordneten Satz ist ein Attributsatz:

Katrin ging deshalb in ihr Zimmer, weil sie in Ruhe Musik hören wollte.

Ich bin der Überzeugung, dass Mirco seinen Schulabschluss schaffen wird.

Keiner stellt später die Frage, ob es Mirco schwer gefallen sei.

Wir fanden alles so, wie wir es erwartet hatten.

Fehlt das Bezugswort, so handelt es sich bei den Konjunktionalsätzen um Gliedsätze (⇨ 326):

> Katrin ging in ihr Zimmer, weil sie in Ruhe Musik hören wollte.
> Ich bin überzeugt, dass Mirco seinen Schulabschluss schaffen wird.
> Keiner fragt später, ob es Mirco schwer gefallen sei.
> Wir fanden alles, wie wir es erwartet hatten.

(2) Der Relativsatz (⇨ 7.4) als Attributsatz

Beispiel	Grammatische Rolle als Attribut ⇨ 262	Ersatzprobe
Der Maler befestigt ein Schild an dem Zaun, der frisch gestrichen ist.	attributives Adjektiv/ Partizip	Der Maler befestigt ein Schild an dem frisch gestrichenen Zaun.
Wir wohnen in dem Haus, das am Ende der Straße steht.	präpositionales Attribut	Wir wohnen in dem Haus am Ende der Straße.
Wir haben das Haus, das meinen Großeltern gehört hat, geerbt.	Genitivattribut	Wir haben das Haus meiner Großeltern geerbt.

Beispiel	*Grammatische Rolle als Attribut ⇨ 262*	*Ersatzprobe*
Unser Haus wird von Fido, der ein echter Hirtenhund ist, bewacht.	Apposition	Unser Haus wird von Fido, einem echten Hirtenhund, bewacht.

(3) Die Infinitivgruppe (⇨ 297) als Attributsatz

       Ich weiß einen Weg, das Problem zu lösen.

Probe: Ich weiß einen Weg zur Problemlösung.

(4) Die Partizipialgruppe (⇨ 297) als Attributsatz

       Die Revanche, immer wieder verpasst, war der Mannschaft jetzt gelungen.

Probe: Die immer wieder verpasste Revanche war der Mannschaft jetzt gelungen.

(Zur Gliedsatz- und Attributsatzreihe ⇨ 295)

Parenthese (Einfügung, Schaltsatz) als Attributsatz

328

Die Parenthese als eingeschobener, vollständiger Satz gilt als Attributsatz:

       Während der Herbstferien, es war vor zwei Jahren, lernte Dennis Windsurfen.

Oft stehen statt der Kommas Gedankenstriche. Nach dem zweiten Gedankenstrich steht nur dann zusätzlich ein Komma, wenn dieses Komma auch ohne die Parenthese stehen müsste. Ansonsten stehen bei den Gedankenstrichen keine Kommas:

       Während der Herbstferien – es war vor zwei Jahren – lernte Dennis Windsurfen.

7.6 Subjekt- und Objektsatz

329

> Subjekt- und Objektsatz sind ihrer grammatischen Rolle nach Gliedsätze.
> Der Subjektsatz nimmt die grammatische Stelle eines Subjekts ein, der Objektsatz die grammatische Stelle eines Objekts.
> Subjekt- und Objektsatz kommen als Konjunktionalsatz, Relativsatz und als Infinitivgruppe vor.

Subjektsatz	<u>Was ich denke</u>, geht niemanden etwas an.
Objektsatz	Ich helfe, <u>wem ich will</u>.

(Übersicht zur Satzlehre ⇨ 267)

330 Die Rolle von Subjekt- oder Objektsatz kann von fast allen Nebensatzarten übernommen werden:

– von Konjunktionalsätzen: als Inhaltssätze (*dass*-Sätze), indirekte Fragesätze (*ob*-Sätze) oder modale Aussagenebensätze (*wie*-Sätze) ⇨ 312 und 326 (1)

– von Relativsätzen: ⇨ 7.4 und 326 (2)

– von Infinitivgruppen: ⇨ 297 und 326 (3)

– von uneingeleiteten Nebensätzen: ⇨ 299 f.

331 **Subjektsatz**

Subjektsätze nehmen die grammatische Stelle eines Subjekts ein und können mit *wer oder was?* erfragt werden. Die meisten Nebensatzarten können die Rolle eines Subjektsatzes übernehmen.

(1) Der Konjunktionalsatz als Subjektsatz

dass-Satz:	<u>Dass du doch noch kommst</u>, überrascht mich sehr.
ob-Satz:	<u>Ob du noch jemanden mitbringst</u>, ist mir egal.
wie-Satz:	<u>Wie gern Svenja in die Disko geht</u>, war auf der letzten Klassenfahrt zu sehen.

(2) Der Relativsatz als Subjektsatz

<u>Wer zuerst kommt</u>, hat die größte Auswahl.

(3) Die Infinitivgruppe als Subjektsatz

Die Infinitivgruppe kann durch Kommas abgetrennt werden, um die Gliederung des Satzes zu verdeutlichen. Wenn ein Bezugswort vorhanden ist, muss ein Komma gesetzt werden.

<u>Alles zuzugeben</u> ist nicht klug.

<u>Alles zuzugeben</u>, das ist nicht klug.

Nicht klug ist es, <u>alles zuzugeben</u>.

Prädikativsatz

332

Auch der Gleichsetzungsnominativ kann durch einen Gliedsatz ersetzt werden.

Daniel ist <u>mein Freund</u>. (Prädikativ als Satzglied)

Daniel ist, <u>was man einen guten Freund nennt</u>. (Prädikativ als Nebensatz)

Diese Art des Nebensatzes heißt Prädikativsatz. ⇨ 247

wie-Satz: Sehenswert ist, <u>wie er ein Tor wirft</u>.

Relativsatz: Heike wird, <u>was sie sich immer gewünscht hat</u>.

Infinitivgruppe: Ihr Wunsch war stets, <u>Mathematik zu studieren</u>.

Objektsatz

333

Objektsätze können nach dem Kasus des jeweiligen Objekts, an dessen grammatischer Stelle sie stehen, unterschieden werden.

(1) Der Objektsatz an der Stelle eines Genitivobjekts (⇨ 251)

Man fragt: *wessen?*

dass-Satz: Die Mannschaft rühmt sich, <u>dass sie gesiegt hat</u>.

    Probe: Sie rühmt sich <u>ihres Sieges</u>.

ob-Satz: Wir erinnern uns nicht mehr, <u>ob es die richtige Adresse ist</u>.

    Probe: Wir erinnern uns nicht mehr <u>der richtigen Adresse</u>.

wie-Satz: Der Trainer sollte sich erinnern, <u>wie verdient sich Svenja gemacht hat</u>.

    Probe: Der Trainer sollte sich <u>ihrer Verdienste</u> erinnern.

Infinitivgruppe: Kein Sportler rühmt sich, <u>unbesiegbar zu sein</u>.

    Probe: Kein Sportler rühmt sich <u>der Unbesiegbarkeit</u>.

(2) Der Objektsatz an der Stelle eines Dativobjekts (⇨ 252)

Man fragt: *wem?*

wie-Satz: Wir mussten tatenlos zusehen, <u>wie der Hund davonlief</u>.

    Probe: Wir mussten <u>dem davonlaufenden Hund</u> tatenlos zusehen.

Relativsatz: Ich helfe, <u>wem ich will</u>.

    Probe: Ich helfe <u>jedem</u>.

(3) Der Objektsatz an der Stelle eines Akkusativobjekts (⇨ 253)

Man fragt: *wen oder was?*

dass-Satz:	Du weißt, <u>dass ich noch keinen PC habe</u>.
Probe:	Du weißt <u>es</u>.
ob-Satz:	Ich frage mich, <u>ob du einen Internetzugang brauchst</u>.
Probe:	Ich frage mich <u>dies</u>.
wie-Satz:	Im Unterricht lernen wir, <u>wie man ein Schreibprogramm bedient</u>.
Probe:	Im Unterricht lernen wir <u>die Bedienung eines Schreibprogramms</u>.
Relativsatz:	Gregor fragt, <u>was er zuerst machen soll</u>.
Probe:	Er fragt <u>es</u>.
Infinitivgruppe:	Die Klasse wünschte, <u>mit einem Brief anzufangen</u>.
Probe:	Die Klasse wünschte <u>es</u>.
Uneingeleiteter Nebensatz:	Gregor sagt, <u>er müsse noch üben</u>.
Probe:	Gregor sagt <u>es</u>.

(4) Der Objektsatz an der Stelle eines Präpositionalobjekts (⇨ 255)

Man fragt mit der jeweiligen *Präposition*.

dass-Satz:	Benjamin war dankbar, <u>dass er eine zweite Chance bekam</u>.
Probe:	Benjamin war dankbar <u>für die zweite Chance</u>.
ob-Satz:	Er denkt nach, <u>ob es einen Ausweg gibt</u>.
Probe:	Er denkt <u>über einen Ausweg</u> nach.
wie-Satz:	Bist du erstaunt, <u>wie schnell alles ging</u>?
Probe:	Bist du <u>über den schnellen Verlauf</u> erstaunt?
Relativsatz:	Erkundige dich, <u>wer der beste Torschütze ist</u>.
Probe:	Erkundige dich <u>nach dem besten Torschützen</u>.
Infinitivgruppe:	Wir freuen uns, <u>euch bald wiederzusehen</u>.
Probe:	Wir freuen uns <u>auf ein baldiges Wiedersehen</u>.

7.7 Adverbialsatz

334

> Adverbialsätze sind Nebensätze. Ihrer grammatischen Rolle nach gehören sie (wie Subjekt- und Objektsätze) zu den Gliedsätzen.
> Adverbialsätze nehmen die grammatische Stelle von Adverbialen ein; sie werden wie die Adverbiale nach inhaltlichen Gesichtspunkten unterteilt.

| Adverbialsatz | Sie spielten Schach, weil sie Langeweile hatten. |
| Adverbial (Ersatzprobe) | Sie spielten aus Langeweile Schach. |

(Übersicht zur Satzlehre ⇨ 267)

Angabesatz, Ergänzungssatz   **335**

Wie die Adverbiale (⇨ 5.5) können auch die Adverbialsätze grammatisch notwendig sein oder frei hinzugefügt werden. Die Unterscheidung, die für Ergänzungen und Angaben gemacht wird (⇨ 291), gilt auch für die Adverbialsätze. Man spricht hier von Ergänzungssätzen und Angabesätzen.

Adverbialsatz

– als Ergänzungssatz (grammatisch notwendig)

	Das Spiel verlief, wie wir es erwartet hatten.
Probe:	Das Spiel verlief erwartungsgemäß.
	(Adverbial als modale Ergänzung)

– als Angabesatz (frei hinzufügbar)

	Das Spiel wurde gewonnen, wie wir es (auch) erwartet hatten.
Probe:	Das Spiel wurde erwartungsgemäß gewonnen.
	(Adverbial als modale Angabe)

Diese Unterscheidung muss im Einzelfall überprüft werden.

Arten des Adverbialsatzes   **336**

Die Mehrzahl der Adverbialsätze sind Konjunktionalsätze. ⇨ 7.3

Lediglich der Lokalsatz (⇨ 316) ist stets ein Relativsatz. ⇨ 7.4

Der Lokalsatz als Relativsatz:

Man fragt: *wo?, wohin?*

| | Wo früher unser Haus stand, ist jetzt eine Wiese. |
| Probe: | Dort ist jetzt eine Wiese. (Adverbial als lokale Ergänzung) |

| | Sie machten ein Lagerfeuer, wo sie genug Holz fanden. |
| Probe: | Sie machten dort ein Lagerfeuer. (Adverbial als lokale Angabe; es kann weggelassen werden, ohne dass der Satz grammatisch unvollständig wird.) |

337 Der Konjunktionalsatz in der Rolle eines Adverbialsatzes

(als Ergänzungs- oder Angabesatz: ⇨ 335)

Adverbialsatz (als Konjunktionalsatz)	Ersatzprobe: Adverbial ⇨ 259	Art des Adverbialsatzes
Wir arbeiten, seit die Sonne aufgegangen ist.	Wir arbeiten seit Sonnenaufgang.	Temporalsatz (Zeitsatz)
Es regnet, als ob die Welt unterginge.	Es regnet wie beim Weltuntergang.	Modalsatz (Umstandssatz der Art und Weise)
Die Passanten spenden Geld, weil sie Mitleid haben.	Sie spenden aus Mitleid Geld.	Kausalsatz (Begründungssatz)
Nimm eine Sonnenbrille, damit die Augen geschützt sind.	Nimm eine Sonnenbrille zum Schutz der Augen.	Finalsatz (Zwecksatz)
Du kannst die CDs haben, wenn sie dir gefallen.	Du kannst die CDs bei Gefallen haben.	Konditionalsatz (Bedingungssatz)
Obgleich sie viel trainiert hatte, kam Saskia nicht in die 1. Mannschaft.	Trotz vielen Trainings kam Saskia nicht in die 1. Mannschaft.	Konzessivsatz (Einräumungssatz)
Die Spieler strengten sich an, so dass sie völlig erschöpft waren.	Die Spieler strengten sich bis zur völligen Erschöpfung an.	Konsekutivsatz (Folgesatz)
Der Spielleiter befestigte das Netz, indem er es mit einem Gürtel festschnallte.	Der Spielleiter befestigte das Netz mit einem Gürtel.	Instrumentalsatz (Umstandssatz des Mittels)

Außer dem Relativ- und dem Konjunktionalsatz können auch andere Nebensatzarten **338**
die Rolle eines Adverbialsatzes übernehmen; sie sind jedoch verhältnismäßig selten:

(1) Die Infinitivgruppe (⇨ 297) **als Adverbialsatz**

    Susanne verließ mich, <u>ohne wie sonst zu lächeln</u>.

Probe: Susanne verließ mich, <u>ohne dass sie wie sonst lächelte</u>. (Modalsatz)

    Sie lächelte ihm zu, <u>um ihn aufzumuntern</u>.

Probe: Sie lächelte ihm zu, <u>damit er aufgemuntert würde</u>. (Finalsatz)

    Ich bin zu müde, <u>um Karten zu spielen</u>.

Probe: Ich bin zu müde, <u>als dass ich Karten spielen könnte</u>. (Konsekutivsatz)

(2) Die Partizipialgruppe (⇨ 297) **als Adverbialsatz**

    <u>Dem Feuertod gerade entronnen</u>, stürzt sich der Filmheld sogleich ins
    nächste Abenteuer.

Probe: <u>Als er dem Feuertod gerade entronnen ist</u>, stürzt sich der Filmheld sogleich
    ins nächste Abenteuer. (Temporalsatz)

    <u>Eine Entschuldigung murmelnd</u>, verließ Jan hastig das Fest.

Probe: <u>Indem er eine Entschuldigung murmelte</u>, verließ Jan hastig das Fest.
    (Modalsatz)

    <u>Von so viel Lärm gestresst</u>, wollte Jan den Rest des Abends allein verbringen.

Probe: <u>Weil er von so viel Lärm gestresst war</u>, wollte Jan den Rest des Abends allein
    verbringen. (Kausalsatz)

    <u>Mit den Augen des Fußballfans betrachtet</u>, ist der Preis für einen Stehplatz
    nicht zu hoch.

Probe: <u>Wenn man den Preis für einen Stehplatz mit den Augen des Fußballfans
    betrachtet</u>, ist er nicht zu hoch. (Konditionalsatz)

(3) Der uneingeleitete Nebensatz (⇨ 7.2) **als Adverbialsatz**

    <u>Kannst du nicht alles zahlen</u>, so gib wenigstens die Hälfte.

Probe: <u>Wenn du nicht alles zahlen kannst</u>, so gib wenigstens die Hälfte.
    (Konditionalsatz)

    <u>Hättest du geschwiegen</u>, wäre alles anders gelaufen.

Probe: <u>Wenn du geschwiegen hättest</u>, wäre alles anders gelaufen.
    (irrealer Konditionalsatz)

    <u>War es auch eine schwere Zeit</u>, so war es doch eine schöne Zeit.

Probe: <u>Obgleich es auch eine schwere Zeit war</u>, so war es doch eine schöne Zeit.
    (Konzessivsatz)

339 Zusammenfassende Übersicht

Die Einteilungsmöglichkeiten der Satzarten und Satzformen lassen sich wie folgt zusammenfassen und übersichtlich darstellen:

Satzarten und Satzformen

I Hauptsatz

    Aussagesatz

    Fragesatz   – Entscheidungsfrage

              – Ergänzungsfrage

    Befehlssatz

II Nebensatz

    eingeleiteter Nebensatz

    uneingeleiteter Nebensatz

    nebensatzwertige Konstruktion – Infinitivgruppe

                                             – Partizipialgruppe

(1) Eingeleiteter Nebensatz

            Relativsatz als – Subjektsatz

                          – Objektsatz

                          – Adverbialsatz

                          – Attributsatz

          Konjunktionalsatz als – Subjektsatz

                              – Objektsatz

                              – Adverbialsatz

                              – Attributsatz

(2) Uneingeleiteter Nebensatz als – Objektsatz

                                            – Adverbialsatz

(3) Nebensatzwertige Konstruktion

          Infinitivgruppe als – Subjektsatz

                          – Objektsatz

                          – Adverbialsatz

                          – Attributsatz

        Partizipialgruppe als – Adverbialsatz

                              – Attributsatz

(4) Adverbialsatz als

Temporalsatz, Modalsatz, Kausalsatz, Finalsatz, Konditionalsatz, Konzessivsatz, Konsekutivsatz, Instrumentalsatz u. a.

Zu den Einteilungskriterien ⇨ 267

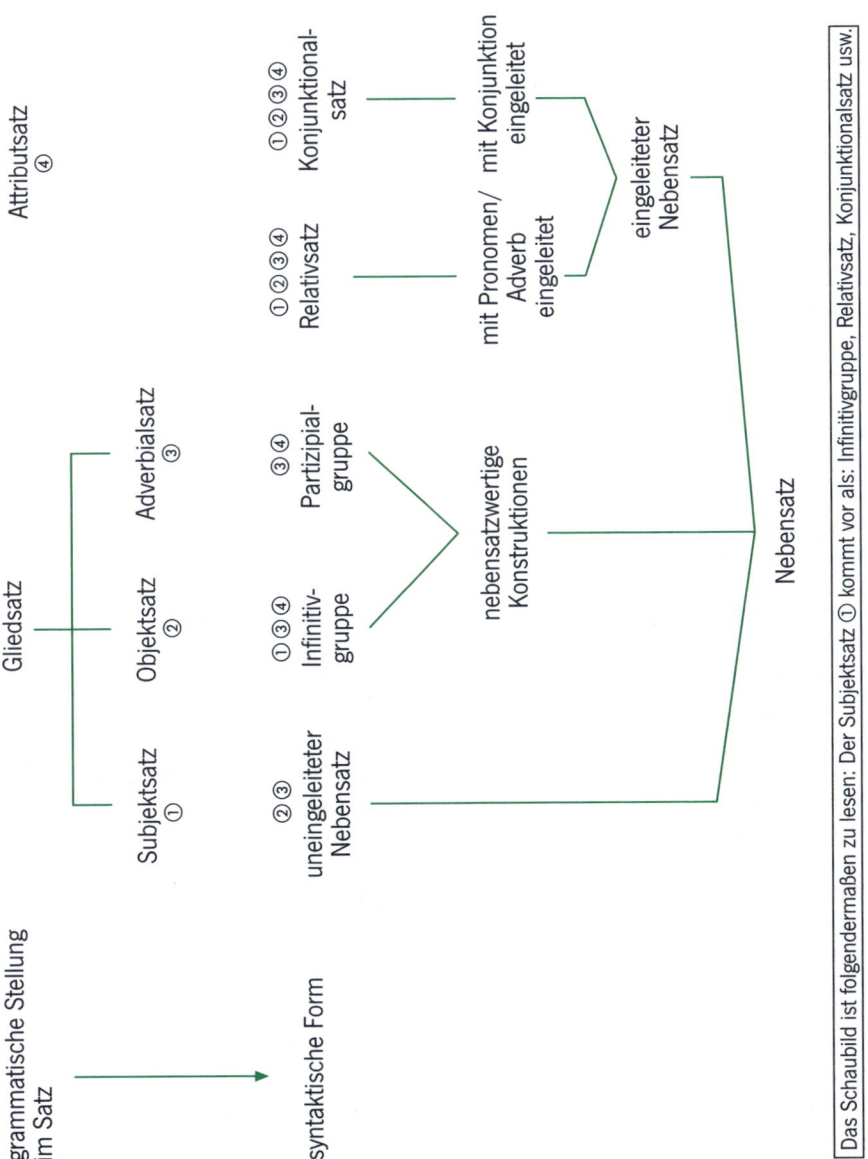

Die Einteilung der Sätze (⇨ 339), die nach recht unterschiedlichen Gesichtspunkten vorgenommen werden kann, weist vielfältige Überschneidungen auf. Fasst man die Gesichtspunkte (⇨ 267) für die Einteilung der <u>Nebensätze</u> zusammen, so ergibt sich folgendes Bild:

340

Register

Wort- und Sachverweise

(Die Zahlen geben die jeweiligen Randnummern an; die Hauptstelle ist hervorgehoben. gr. = grammatisch – der Ausdruck ist *grammatisch* zu verstehen.)

abhängige Rede ⇨ indirekte Rede
Ableitung **223**–226
absoluter Superlativ ⇨ Elativ
Abstraktum (die Abstrakta) **82**, 83
Abtönungspartikel **171(2)**, 280
Adjektiv **101**–121, 183
   attributive Stellung **102**
   prädikative Stellung **103**
   adverbiale Stellung **104**
   Deklination **107**–109, 111
   Komparation **112**
Adjektivadverb 104, **172**
Adjektivattribut **102**
Adverb (die Adverbien) **170**–184, 208, 212
Adverbial (die Adverbiale) 255, **257**–261,
   288, 325, 326
adverbial **104**, 171(2)
Adverbialangabe **257**, 258
adverbiale Bestimmung ⇨ Adverbial
Adverbialergänzung **257**, 258
Adverbialsatz **334**–338
adversativ
   Adverb **180**
   Konjunktion **186(4)**, 190
Adversativsatz **304**
Akkusativ **91**, 120, 199–202
Akkusativobjekt **254**
Aktiv 59, 70, **75**
Allomorph **30**, 34
Allophon **15**, 16
Alphabet **3**
Alternativfrage **280**
Angabe 287, 288, **291**
Angabesatz **335**
anreihend ⇨ kopulativ
Anteilgröße ⇨ Genitivobjekt
Apposition **262**
Artangabe **288**
Artergänzung **288**
Artikel **96**–100

Art und Weise (gr.) betreffend ⇨ modal
Attribut 102, 173, 236, **262**–266, 287
attributiv 102(2), 171(2), 173, **262**
   Adjektiv **262**
   Adverb **262**
Attributreihe **266**
Attributsatz 262, 324, **327**, 328
Aufforderungssatz **281**–285
Aufteilungszahl ⇨ Distributivzahl
Ausdrucksseite **35**, 36
Ausrufesatz **286**
Aussagesatz **272**–276
Aussageweise ⇨ Modus
ausschließend ⇨ disjunktiv

Bedeutung ⇨ Inhaltsseite
Bedingung (gr.) betreffend ⇨ konditional
Bedingungssatz ⇨ Konditionalsatz
Befehlsform ⇨ Imperativ
Befehlssatz ⇨ Aufforderungssatz
Begleiter **100**, 122, 134, 156
Begriffswort ⇨ Abstraktum
Begründung (gr.) betreffend ⇨ kausal
Begründungssatz ⇨ Kausalsatz
Beifügung ⇨ Attribut
Beisatz ⇨ Apposition
Beistellung ⇨ Apposition
berichtete Rede ⇨ indirekte Rede
besitzanzeigendes Fürwort
   ⇨ Possessivpronomen
Bestimmungswort **215**, 216
Beugung ⇨ Flexion
bezügliches Fürwort ⇨ Relativpronomen
Bezugs(wort)satz ⇨ Relativsatz
Bindewort ⇨ Konjunktion
Bruchzahl **162**, 168, 169
Buchstabe **1**–4

Dativ **91**, 119, 120, 199–202
Dativobjekt **252**

REGISTER

dass-Satz ⇨ Inhaltssatz
Deklination
  Nomen **92**
  Titel, Namen 93, 94
  Artikel **98**
  Adjektiv 107–109, 111
  Pronomen 126, 130, 135, 141, 145, 151, 157
deklinieren **81**
Demonstrativpronomen **133**–138
Dingwort ⇨ Nomen
Diphthong **9**–11
direkte Rede **301**
direktes Objekt ⇨ Akkusativobjekt
direkte Rede **301**
disjunktiv **186(2)**
Distributivzahl **162**
Doppelfrage ⇨ Alternativfrage
Doppellaut ⇨ Diphthong
dritte Vergangenheit ⇨ Plusquamperfekt

Echofrage **280**
Eigenschaftswort ⇨ Adjektiv
Einfügung ⇨ Parenthese
Einräumung (gr.) betreffend ⇨ konzessiv
Einräumungssatz ⇨ Konzessivsatz
einschränkend ⇨ restriktiv
Einzahl ⇨ Singular
Elativ **115**
Empfindungswort ⇨ Interjektion
Endung ⇨ Flexionsendung, ⇨ Suffix
Entscheidungsfrage **277**, 278
Ergänzung **287**–291
Ergänzungsfrage 144, **277**, 279
Ergänzungssatz **335**
Ersatzprobe **235**, 325, 337
erste Vergangenheit ⇨ Präteritum
erweiterter Satz **287**–291
Erweiterungsprobe **274**, 293

Fall ⇨ Kasus
Femininum 88–90, **92**
final
  Adverb **181**
  Konjunktion **191**
  Adverbial **259**
Finalsatz **310**, 337

finite Form des Verbs ⇨ flektiertes Verb
finiter Prädikatsteil ⇨ flektiertes Verb
flektiertes Verb 49, **80**, 243–245, 249,
  272–273, 275, 292
Flexion ⇨ Deklination, ⇨ Konjugation
Flexionsendung **21**–24, 34, 50
Flexionsform ⇨ flektiertes Verb
Folge (gr.) betreffend ⇨ konsekutiv
Folgesatz ⇨ Konsekutivsatz
Fragefürwort ⇨ Interrogativpronomen
Fragesatz **277**–280
Fragetest (-probe) 91, 233
freier Relativsatz **313**, 318
Fremdwort 27, 46, **47**, 87
Fürwort ⇨ Pronomen
Futur I **57**, 59
Futur II **58**, 59

Gattungsname **83**–89
Gattungszahl **162**
Gegengrund (gr.) betreffend ⇨ konzessiv
gegensätzlich ⇨ adversativ
Gegenstandswort ⇨ Konkretum
Gegenwart(sform) ⇨ Präsens
Genitiv **91**, 121, 199, 202
Genitivattribut **262**
Genitivobjekt **251**
Genus (die Genera) **88**–90, 95
Geschlecht (gr.) ⇨ Genus
  natürliches/grammatisches **89**
Geschlechtswort ⇨ Artikel
Gleichgröße ⇨ Prädikativ
Gleichsetzungsnominativ ⇨ Prädikativ
Gleichung (gr.) betreffend ⇨ proportional
Gleichzeitigkeit **189**, 303
Gliedsatz **324**–326
grammatischer Satz ⇨ grammatisch
  vollständiger Satz
grammatisches Geschlecht ⇨ Genus
grammatisch vollständiger Satz 248, 258,
  268, 270
Grund (gr.) betreffend ⇨ kausal
Grundform ⇨ Infinitiv
Grundgröße ⇨ Subjekt
Grundstufe ⇨ Positiv
Grundwort **215**, 217

Grundzahl ⇨ Kardinalzahl

Handlungsform **75**
Hauptsatz **292**–294
Hauptwort ⇨ Nomen
Hilfsverb **52**
hinweisendes Fürwort
   ⇨ Demonstrativpronomen
Höchststufe ⇨ Superlativ
Höflichkeitsform 71, **125**, 142, 282
Höherstufe ⇨ Komparativ
Homonym **38**, 95

Imperativ **71**, 241, 281–285
Imperfekt ⇨ Präteritum
Indefinitpronomen **156**–160, 317
Indikativ 59, 63, **64**
indirekte Rede **66**, 67, 275, 299, 301
indirekter Fragesatz **66**, 192, 300, 312
indirektes Objekt **254**
infinite Form des Verbs 49, **51**, 80, 243, 245
Infinitiv **51**
Infinitivgruppe **297**, 326(3), 327(3), 338(1)
Inhaltssatz 192, **299**, 312
Inhaltsseite 35, **37**–41
instrumental
   Adverb **181**
   Konjunktion **191**
   Adverbial **259**
Instrumentalsatz **307**, 337
Intention **285**
Interjektion **210**–213
Interrogativadverb **144**, 171(2), 255, 279
Interrogativpronomen **144**–149, 279
Interrogativsatz ⇨ indirekter Fragesatz
Intonation 213, 272, 281, **286**
intransitives Verb **253**
Inversion **256**, 273, 276
Irrealis **67**
Iterativzahl **162**

Kardinalzahl **162**, 164–166
Kasus (die Kasus) **91**, 199
kausal
   Adverb 170, **181**
   Konjunktion 186(5), **191**
   Präposition **206**

Adverbial **259**
Kausalsatz **305**, 337
Klangfarbe **2**
Kollektivum (die Kollektiva) **83**
Kollektivzahl **162**
Komma ⇨ Zeichensetzung
Kommentarwort **214**
Komparation
   Adjektiv **112**–118
   Adverb **184**
Komparativ **112**–114
komparativ **190**
Komparativsatz 193, **304**
komplexer Satz **292**–338
Kompositum (die Komposita)
   ⇨ Zusammensetzung
konditional
   Adverb **181**
   Konjunktion **191**
   Adverbial **259**
Konditionalsatz 300, **308**, 337
Kongruenz 90, **97**, 140, 242, 243
Konjugation **49**
konjugieren **49**, 51
Konjunktion **185**–194, 209, 296, 302–312
Konjunktionaladverb 171(2), **176**, 187
Konjunktionalsatz 192, **302**–312, 326(1),
   327(1), 337
Konjunktiv I **65**, 66, 68–70
Konjunktiv II **65**, 67, 68–70
Konkretum (die Konkreta) **82**, 83
konsekutiv
   Adverb **181**
   Konjunktion **191**
   Adverbial **259**
Konsekutivsatz **306**, 337
Konsonant **7**, 8
konzessiv
   Adverb **181**
   Konjunktion **191**
   Adverbial **259**
Konzessivsatz **309**, 337
kopulativ **186(1)**
Kurzsatz 212, **269**

Laut **1**–4, 14, 15, 17, 18
Lehnwort **46**, 47

Leideform ⇨ Passiv
lokal
  Adverb 170, **178**
  Präposition **203**
  Adverbial **259**
Lokalsatz **316**, 336

männlich ⇨ Maskulinum
Maskulinum 88–90, **92**
Mehrstufe ⇨ Komparativ
Mehrzahl ⇨ Plural
Meiststufe ⇨ Superlativ
Metapher **41**
Mitlaut ⇨ Konsonant
Mittel (gr.) betreffend ⇨ instrumental
Mittelwort ⇨ Partizip
modal
  Adverb 170, **180**
  Konjunktion **190**
  Präposition **205**
  Adverbial **259**
modaler Aussagenebensatz **192**, 312
Modalpartikel ⇨ Abtönungspartikel
Modalsatz **304**, 337
Modalverb **72**, 74
modifizieren 220, 230
modifizierendes Verb **73**, 74
Modus (die Modi) **63–71**
Möglichkeitsform ⇨ Konjunktiv
Monophthong **25**
Morphem **28–34**
Multiplikativzahl **162**

Nachsilbe ⇨ Endung
Nachzeitigkeit **189**, 303
Namenwort ⇨ Nomen
Nebenordnung 186–188, 261, 266, 294, 295, 322
Nebensatz **292**, 293, 295–297, 298–301
Nennform ⇨ Infinitiv
Neutrum 88–90, **92**
nicht wörtliche Rede ⇨ indirekte Rede
Nomen (die Nomen) **81–95**, 167, 212
Nominalisierung 96, 105, **232**
Nominativ **91**, 237
Numerale (die Numeralia) 156, **161–169**

Numerus (die Numeri)
  Verb **49–51**
  Nomen **84–87**

Objekt **250–256**, 325, 326
Objektsatz 329, **333**
ob-Satz ⇨ indirekter Fragesatz
Ordinalzahl **162**
Ordnungszahl ⇨ Ordinalzahl
örtlich (Orts-) ⇨ lokal
Ortsangabe **288**
Ortsergänzung **288**

Parenthese **328**
Partikel **48**, 170, 182, 185, 195, 218
Partizip (die Partizipien) **51**, 106
Partizipialgruppe **297**, 326(4), 327(4), 338(2)
Passiv **75–78**
Perfekt **54**, 59
Person **50**, 51
Personalform ⇨ flektiertes Verb
  des Verbs **49–51**
Personalpronomen **124–128**, 131, 132
persönliches Fürwort ⇨ Personalpronomen
Phonem **14–16**
Plural (die Pluralformen) **30**, 50, 84, 87, 95
Pluraletantum (die Pluraliatantum) **86**
Pluralmorphem (-endung) **30**
Plusquamperfekt **56**, 59
Positiv **112**, 113
Possessivpronomen **139**–143
Prädikat 129, **242–249**
prädikativ **103**, 171(2)
Prädikativ(um) 103, 240, **247**
Prädikativsatz **332**, auch ⇨ Prädikativ
Prädikatsadjektiv ⇨ Prädikativ
Prädikatsnomen ⇨ Prädikativ
Prädikatsnominativ ⇨ Prädikativ
Präfix 24, 219–**221**, 223–226, 228
Präfixbildung **229**
Präposition 182, **195–209**
präpositionales Attribut **262**
Präpositionalgefüge 255, **260**
Präpositionalobjekt **255**, 260
Präsens **53**, 59
Präteritum **55**, 59
Pronomen (die Pronomen) **122–160**

Pronominaladverb 171(2), **174**, 175
proportional **190**
Proportionalsatz **304**

Raumangabe ⇨ Ortsangabe
Rechtschreibung 118, 125, 142
Reflexivpronomen **129**–132, 244, 314
Rektion **199**, 200
Relativadverb 150, 171(2), **177**, 315
Relativpronomen **150**–155
Relativsatz 150, 155, **313**–323, 326(2),
   327(2), 336
restriktiv
   Adverb **180**
   Konjunktion 186(3), 190
   Relativsatz **323**
Restriktivsatz **304**
rhetorische Frage **277**, 280
rückbezügliches Fürwort ⇨ Reflexivpronomen

sächlich ⇨ Neutrum
Sammelbezeichnung ⇨ Kollektivum
Satz (Übersicht) **267**, 339, 340
   grammatisch vollständig 270, 287
   kommunikativ brauchbar 269
Satzadverb **171(2)**
Satzart **268**–291
Satzaussage ⇨ Prädikat
Satzbauplan 234, **248**, 256, 271, 290
Satzbetonung ⇨ Intonation
Satzellipse **268**, 269
Satzergänzung ⇨ Objekt
Satzfrage ⇨ Entscheidungsfrage
Satzgefüge **296**
Satzgegenstand ⇨ Subjekt
Satzglied **234**–266, 287
   Übersicht **233**
Satzgliedfrage ⇨ Ergänzungsfrage
Satzgliedprobe **234**–236, 263, 333,
   335–338
Satzgliedreihe **261**
Satzgliedstelle **234**, 271
Satzgliedteil ⇨ Attribut
Satzklammer 228, **245**, 256
Satzlehre **233**–338
   Übersicht **267**, 339, 340
Satzperiode **296**

Satzreihe **294**, 295
Satzteilkonjunktion **193**
Satzwort **212**
Schaltsatz ⇨ Parenthese
Selbstlaut ⇨ Vokal
Silbe 17, 18, **25–27**, 34
Silbentrennung 25, 27
Singular (die Singularformen) **30**, 50, 84, 85
Singularetantum (die Singulariatantum) **85**
Sprechhandlung 280, **285**
Stammform **60**, 62
Steigerung ⇨ Komparation
Stellvertreter ⇨ Pronomen
Subjekt **237**–241, 283, 325, 326
Subjektsatz **329**, 331
Substantiv ⇨ Nomen
Substantivierung ⇨ Nominalisierung
Suffix 21–24, 26, 219, **222**, 223–226
Superlativ **112**, 115
Synonym **40**
Syntax ⇨ Satzlehre

Tatform ⇨ Aktiv
Tätigkeitsform ⇨ Aktiv
Tätigkeitswort ⇨ Verb
temporal
   Adverb 170, **179**
   Konjunktion **189**
   Präposition **204**
Temporalsatz **303**, 337
Tempus (die Tempora) **53**–60
Tonhöhe **2**
transitives Verb **253**
Tu(n)wort ⇨ Verb

Umlaut **12**, 13
Umstandsangabe ⇨ Adverbialangabe
Umstandsbestimmung ⇨ Adverbial
Umstandsergänzung ⇨ Adverbialergänzung
Umstandssatz ⇨ Adverbialsatz
Umstandswort ⇨ Adverb
Umstellung ⇨ Inversion
unbestimmtes Fürwort ⇨ Indefinitpronomen
uneingeleiteter Nebensatz **298**–301, 338(3)
Unterordnung **189**–194, 296, 322
Valenz **248**, 250, 257, 271, 287, 289, 290
Verb (die Verben) **49**–80

Bestimmung der Verbform **79**, 246
Modalverb **72**
modifizierendes Verb **73**
reflexives Verb **129**
schwaches Verb **61**
starkes Verb **61**
unregelmäßiges Verb **62**
zusammenfassender Überblick **80**
verbale Klammer ⇨ Satzklammer
Verbzusatz **227**–230, 245
Vergangenheit(sform) ⇨ Präteritum
Vergleichssatz ⇨ Komparativsatz
Vergleichsstufe ⇨ Komparation
Verhältniswort ⇨ Präposition
Verschiebeprobe ⇨ Satzgliedprobe
Vervielfältigungszahl ⇨ Multiplikativzahl
Vokal **5**, 6
vollendete Gegenwart ⇨ Perfekt
vollendete Vergangenheit ⇨ Plusquamperfekt
vollendete Zukunft ⇨ Futur II
Vollverb **52**
Vorgangspassiv **76**
Vorgegenwart ⇨ Perfekt
Vorsilbe ⇨ Präfix
Vorvergangenheit ⇨ Plusquamperfekt
Vorzeitigkeit **189**, 303

Weglassprobe **236**, 263
weiblich ⇨ Femininum
weiterführender Konjunktionalsatz **311**
weiterführender Relativsatz **155**, 318, 321
Wem-Fall ⇨ Dativ
Wen-Fall ⇨ Akkusativ
Wertigkeit ⇨ Valenz
Wes-Fall ⇨ Genitiv
W-Frage ⇨ Ergänzungsfrage
Wiederholungszahl ⇨ Iterativzahl
wie-Satz ⇨ modaler Aussagenebensatz
Wiewort ⇨ Adjektiv
Wirklichkeitsform ⇨ Indikativ
Wort 34, **35**–41
Wortart 21, 22, **48**–209, 210, 222, 232
    Übersicht **48**
Wortartenwechsel 96, 105, 225, 231, **232**
Wortbetonung 2
Wortbildung 22, **215**–232
Wortfamilie **44**, 45

Wortfeld **42**, 43
Wortfrage ⇨ Ergänzungsfrage
wörtliche Rede ⇨ direkte Rede
Wortstamm **19–20**, 26, 34, 44, 50, 223
Wortzusammensetzung ⇨ Zusammensetzung
Wunschsatz ⇨ Aufforderungssatz

Zahl (gr.) ⇨ Numerus
Zahlwort ⇨ Numerale
Zeichensetzung 185, 186, 188, 193, 194,
    261, 266, 294–297, 322, 328, 331
Zeigefürwort ⇨ Demonstrativpronomen
Zeit(form) ⇨ Tempus
Zeitadverb ⇨ temporal (Adverb)
Zeitangabe **288**
Zeitergänzung **288**
Zeitform ⇨ Tempus
zeitlich (Zeit-) ⇨ temporal
Zeitsatz ⇨ Temporalsatz
Zeitwort ⇨ Verb
zielendes Verb ⇨ transitives Verb
Zielgröße ⇨ Akkusativobjekt
Zukunft(sform) ⇨ Futur
Zusammensetzung **215**–218
Zustandspassiv **76**
Zuwendgröße ⇨ Dativobjekt
Zweck (gr.) betreffend ⇨ final
Zwecksatz ⇨ Finalsatz
zweite Vergangenheit ⇨ Perfekt
Zwielaut ⇨ Diphthong

Zweifelsfälle

Adjektiv + Dativ 119
Adjektiv + Genitiv 121
Adjektiv + Präposition (+ Dativ / Akkusativ) 120
Adverb / Adjektiv 183
Adverb / Präposition 182, 208
all / alles 160
als / wie 114, 193
Adverbial / Präpositionalobjekt 255, 260
Angabe / Ergänzung 258, 288, 291, 335
das / was 155
die / welche 154
Deklination
    bei Titeln und Namen 93
    von (mehreren) Adjektiven 110, 111
    bei Straßen- und Firmennamen, Buchtiteln,
    Theaterstücken usw. 94
deren / derer 153
deren / ihren 138
derselbe / der gleiche 137
dreieinhalb / drei und eine halbe 169
einschließlich + Gen. / Dativ 201
einzig 116
entlang + Akk. / Dat. / Genitiv 202
Ergänzung / Angabe ⇨ Angabe / Ergänzung
Getrennt- oder Zusammenschreibung 118
höchstmöglich 116
ihren / deren 138
jeder 158
jemand / niemand + anders 159

Kommasetzung 294–296
    beim Infinitiv 194, 297
    bei der Parenthese 328
    beim Partizip 297
Komparation zusammenstehender Adjektive
    (u. Partizipien) 118
Konjunktion / Präposition 209
mangels + Genitiv / Dativ 201
Mehrdeutigkeit beim Relativpronomen 152, 320
Nomen mit Doppelformen 95
Plural bei Fremdwörtern 87
Präposition / Adverb 182, 208
Präposition + Akk./Dativ / Genitiv 199, 200
Präposition / Konjunktion 209
Präpositionalobjekt / Adverbial 255, 260
Reflexiv- / Personalpronomen 131
übersetzte / setzte über 229
sich zu entschuldigen / sie zu entschuldigen
    132
was 317
was / das 155
was für ein? 149
welch / welcher 148
welcher 319
welcher? 146, 147, 154
wie / als 114, 193
wozu? / zu was? 175
zufolge + Akk. / Dativ / Genitiv 202
zugunsten + Akk. / Dativ / Genitiv 202

Übersichten und Zusammenfassungen

Adjektiv 111
Adverb 171
Adverbial 259
Adverbialsatz 337–338
Attributsatz 327
Gliedsatz 326
Laut 2
Nominalisierung 232
Numeralia 162

Objektsatz 333
Pronomen 123
Satzarten 267, 339, 340
Satzglieder 233
Subjektsatz 331
Verb 80
Wort 34
Wortarten 48